Gisela Fink · I bin's, die Gisela

buch & media

So ist das Leben und so muß man es nehmen, tapfer, unverzagt und lächelnd – trotz alledem. (Rosa Luxemburg)

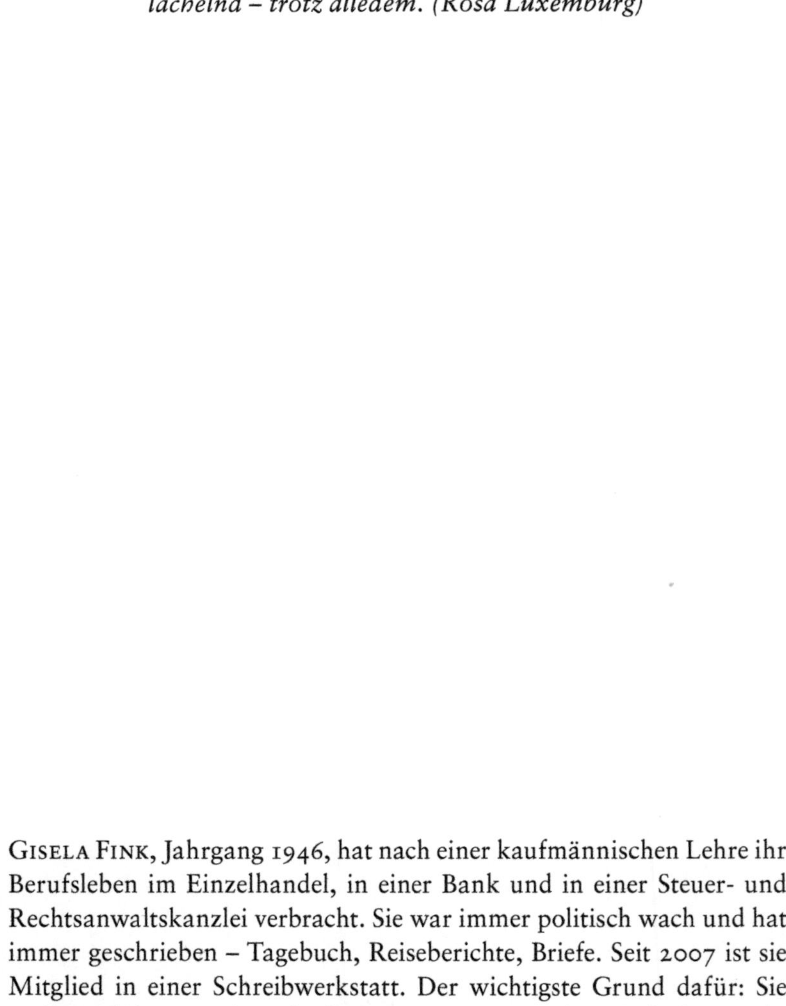

Gisela Fink, Jahrgang 1946, hat nach einer kaufmännischen Lehre ihr Berufsleben im Einzelhandel, in einer Bank und in einer Steuer- und Rechtsanwaltskanzlei verbracht. Sie war immer politisch wach und hat immer geschrieben – Tagebuch, Reiseberichte, Briefe. Seit 2007 ist sie Mitglied in einer Schreibwerkstatt. Der wichtigste Grund dafür: Sie wollte sich literarische Fähigkeiten aneignen, mit dem Ziel, ihre wechselvolle Lebensgeschichte aufzuschreiben. Gisela Fink lebt in Freising.

Gisela Fink

I bin's, die Gisela

Von Grafing nach Rio und zurück

Umschlaggestaltung: Johanna Conrad
ISBN 978-3-978-3-95780-295-8
Printed in Germany

Buch&media GmbH
Merianstraße 24 · 80637 München
Fon 089 13 92 90 46 · Fax 089 13 92 90 65

Weitere Publikationen aus unserem Programm finden Sie auf
www.buchmedia-publishing.de
Kontakt und Bestellungen unter info@buchmedia.de

Inhalt

Teil 1

Teil 2

Teil 3

Teil 1

Die ersten Jahre

Der Krieg war über ein Jahr vorbei. Am 7. September 1946 wurde ich in einem Münchner Mütterheim geboren.

Die Welt mochte mich, meine Erzeuger jedoch nicht. Eine Schande war ich, etwas, was man verbergen musste. Vor wem? Man brachte mich nach Augsburg in das Katholische Säuglings- und Kinderheim a. d. Kapellenstraße, wo ich meine ersten drei Lebensjahre verbrachte.

Einen Monat nach meinem dritten Geburtstag brachte man mich zu Pflegeeltern, Johann Baptist und Elisabeth Knogler, nach Grafing bei München in die Griesstraße 12.

Am 3. November 1949 schrieb das Säuglings- und Kinderheim a. d. Kapellenstraße an den Katholischen Jugendfürsorgeverein der Erzdiözese München und Freising: *Das Kind Gisela Fink war in unserm Heim vom 14. Oktober 1946 bis 22. Oktober 1949. Das Kind ist körperlich und geistig gut entwickelt und wurde mit einem Gewicht von 15 kg entlassen, was ganz der Größe und dem Alter entsprach. Die Kosten sind bei uns durch den Kindsvater gedeckt worden. Abgeholt wurde das Kind durch die Schwester des Vaters* [...]. *Die Kindsmutter ist seit langer Zeit nicht mehr zu Besuch gekommen. Die letzte Anschrift war München, Warschauerstraße 6. Ein weiterer Aufenthalt ist uns nicht bekannt.*

Dass ich mit dicken Tränen, einer mächtigen Rotzglocke und mit einem Kasperl unterm Arm mich schreiend weigerte, das Haus in der Griesstraße zu betreten, hat mir Frau Hermann viele Jahre später erzählt. Sie wohnte mit ihrem Mann und neun Kindern im selben Haus.

Die Eingewöhnungsphase

DA WAR ICH nun in einer richtigen Familie gelandet. Hatte von einem Tag auf den anderen Vater und Mutter, zu denen ich Papa und Mama sagen sollte, einen Bruder, zu dem ich Manfred sagen sollte, einen Großvater und eine Großmutter, zu denen ich Opa und Oma sagen sollte, und einen kleinen Foxterrier-Mischling, der Terry gerufen wurde und der, wie ich schnell verstand, Papas Liebling war.

Nach drei Jahren im Heim jetzt bei all diesen fremden Leuten bleiben zu müssen, die auch so ganz anders angezogen waren, das schüchterte mich ein. Bislang hatten mir die weiß gekleideten Ordensschwestern mit ihren gestärkten Hauben Halt und Vertrauen gegeben.

Mein neues Zuhause war furchteinflößend und ich kann mir gut vorstellen, dass ich anfangs sehr misstrauisch, wenn nicht bockig war. Um mich ein Quäntchen sicherer und nicht so verloren zu fühlen, verlangte ich, so wurde mir erzählt, meine eigene Waschschüssel, meinen eigenen Waschlappen, mein eigenes Handtuch und meine eigene Zahnbürste, all die Dinge, die im Heim zu meiner Morgentoilette gehört hatten. Und tatsächlich, ich bekam das alles – bis auf die Zahnbürste. Ob es meine Waschschüssel aus dem Heim war, weiß ich nicht. Und nur das sich bis heute erhaltene winzige Glücksgefühl zeigt mir, wie wichtig es gewesen sein muss, dieses kleine Utensil zu besitzen.

Niemand sonst durfte es benutzen. Ich allein war dafür zuständig und musste es pflegen. Diese kleine, viereckige, in einen Hocker versenkbare Waschschüssel mit den zwei scheppernden Griffen, deren leichtes Klappern mir noch immer im Ohr klingt, gehörte nur mir. Das erkämpft zu haben, machte mir Mut. Außer der Zahnbürste hatte ich nun alles. Die musste erst noch gekauft werden. Zahnbürsten schien es in diesem Haushalt überhaupt keine zu geben.

Manfred war wütend auf mich, er wollte mit mir frechem Wesen nichts zu tun haben, dabei war er sechs Jahre älter als ich. Mit Mädchen konnte er überhaupt nichts anfangen. Dazu kam, dass ich angeblich so schön »nach der Schrift«, also Hochdeutsch, geredet hätte, was den geschwisterlichen Freundschaftskurs offenbar noch weiter nach unten trieb.

Im Heim war es sicher notwendig gewesen, einen gewissen Durchsetzungswillen zu entwickeln, um nicht unterzugehen bei all den vielen Kindern. Gleichzeitig hatte ich schon früh gelernt, mich einzufügen.

Ich habe mich hingestellt und trotzig Widerstand geleistet, wenn ich etwas machen sollte, was ich nicht verstand. Das führte zu vielen Konflikten. Erklärungen, warum und wozu irgendetwas getan werden sollte, gab es nicht. Die Gründe dafür sollte ich erst später begreifen. Wenn ich ungehorsam war, drohten sie mir, mich wieder nach Augsburg zu bringen. Mit meinem Dickkopf habe ich sie richtig gefordert.

Es kam wiederholt zu heftigen Szenen. Der grauhaarige Mann, der nun mein Vater sein sollte, lähmte mich mit seinen Wutausbrüchen, wenn ich gegen irgendetwas aufbegehrte. Er schrie: »Gleich morgen bring ich dich ins Heim zurück, damit endlich dieser ganze Schwindel aufhört.« Was da mit dem »Schwindel« gemeint war, habe ich nicht verstanden. Einmal drohte er mir, mich umzubringen, würde ich »so weiter machen«. Er forderte mich auf, zu verschwinden, nach Buxtehude, dahin, wo der Pfeffer wächst, oder dahin, »wo du hergekommen bist«. Ich sollte meinen Koffer packen und zu meiner »blädn Muadda« gehen.

Da verstand ich ein wenig, aber auch noch nicht viel. Ich musste also eine Mutter haben, die irgendwo da draußen sein musste. Sie könnte ja jeden Moment zur Tür hereinkommen, um mich abzuholen. Das wünschte ich mir in der ersten Zeit bei meinen Pflegeeltern allersehnlichst. Mein Name Fink hatte wohl auch mit meiner blöden Mutter zu tun. Vater zeigte eine tiefe Verachtung gegenüber dieser Unbekannten.

In den Nächten plagten mich Albträume. Furchterregende, immer größer werdende Köpfe ließen mich schreiend aus dem Schlaf hochfahren. Dann kam Mutter, setzte sich an mein Bett und versuchte mich zu beruhigen. »Jetzt drehst dich einfach auf die andere Seitn, betest a Vaterunser und a Gegrüßetseistdumaria, dann, wirst sehen, dann kannst wieda einschlafen.« Das hat gewirkt, denn Jesus war mein guter Hirte, den hatte ich aus dem Heim mitgenommen, der liebte die Kinder, zu dem hatte ich Vertrauen. Gutenachtgeschichten vor dem Einschlafen gab es in meinem neuen Zuhause nicht.

Rückblickend ist zu sagen, dass der Mann, der damals zu meinem Papa wurde, mich letztlich niemals geschlagen hat. Vielmehr wurde er mir mit der Zeit ein wortkarger Freund, der nie viel Aufhebens machte, sondern einfach die Dinge tat, die notwendig waren. Ich bin sicher, dass er meine Erzeuger zu dieser Zeit wie die Pest gehasst hat, die einfach abgehauen waren und sich einen Scheißdreck um mich gekümmert haben. Das lag wohl auch daran, dass er in letzter Konsequenz wusste, welch trauriges, verlassenes Kind ich war. War er doch selber eins, wie ich später erfuhr.

Meine Pflegeeltern

Über meinen Pflegevater, Johann Baptist Knogler, weiß ich nur sehr wenig. Er wurde am 30. August 1910 wahrscheinlich in Eisendorf in der Nähe von Grafing geboren. Seinen Vater hat er angeblich nie kennengelernt und er selbst legte zeitlebens auch keinen Wert darauf zu erfahren, wer sein Vater war. Seine Mutter brachte ihn schon als Bub zu einer Bauernfamilie, wo er fortan lebte und schwer arbeiten musste. Seine Schlauheit, so weiß ich von seiner alten Tante Kathi, hätte ihm geholfen, die Dorfschule zu meistern. Dort las er aus der Luft gegriffene Geschichten vor, die auf seiner Schreibtafel gar nicht zu sehen waren. Mit 16 Jahren soll er ausgerissen sein und niemand wusste, wo er war. Er selbst hat sich nie über seine Kindheit und seine Herkunft geäußert. Alle, die davon etwas zu wissen schienen und darüber erzählten, hat er mit Spott beobachtet und nichts dazu gesagt. 1947 heiratete er Mutter, die früh Kriegswitwe geworden war und zwei Buben aus erster Ehe mitbrachte. Ich kam, wie erwähnt, 1949 in die Familie.

Ich weiß nicht, ob mein Pflegevater immer schon graue Haare hatte. Ich kenne ihn nur mit grauen Kopfhaaren, grauen Bartstoppeln und grauen Haaren auf der Brust. Und er hatte Zahnlücken. Er war weder groß noch klein. Die tiefen Wangenfalten in seinem markanten Kopf verliehen ihm einen verwegenen Ausdruck. Seine großen Augen, ebenfalls grau, ließen mich an den Wolf aus dem Rotkäppchen denken. Er redete nie viel. Wenn er wütend war, sah er mich mit aufgerissenen Augen an, zum Beispiel, wenn er mich aufforderte, meinen Koffer zu packen und abzuhauen. Einmal nahm ich ihn aus meiner Not heraus beim Wort, verlangte tatsächlich nach einem Koffer und wollte einfach nur fort. Wohin? Keine Ahnung. Das brachte ihn so auf, dass er mich um den großen Wohnzimmertisch jagte, einmal links herum, einmal rechts herum, und ich ihm nur entkam, weil Mutter die Tür aufhielt, durch die ich entwischen konnte.

Seine Leidenschaft war der große Gemüsegarten. Nach einem langen Winter konnte er es kaum erwarten, wieder in den Garten zu kommen. Die Beete waren sehr groß. Jedes Jahr zu Ostern erntete er den ersten Salat, den er in seinem aus alten Fenstern gebauten Mistbeet gezogen hatte. Obwohl er selbst nie Salat aß, erfüllte ihn das jedes Mal mit Stolz.

Sein kleiner Foxterrier Terry war immer mit dabei. Während mein Pflegevater pflanzte und säte, grub Terry Löcher. Ratten hat Terry auch gejagt. Alles, was wir an Gemüse brauchten, baute mein Pflegevater mit Hingabe an: gelbe Rüben, rote Rüben, Buschbohnen, Gurken, Sellerie, Lauch, Petersilie, Maggikraut, Schnittlauch, Zwiebeln, Tomaten ... Das sich an die Beete anschließende große Kartoffelfeld versorgte unsere Familie den gesamten Winter. Meine Pflegemutter brachte mir früh bei, beim Verarbeiten der Ernte mitzuhelfen. Ich durfte die Kurbel der Bohnenschnipselmaschine drehen, den in Scheiben geschnittenen Sellerie in die Einweckgläser füllen und gelbe Rüben in mit Sand gefüllte Zinkeimer stecken. Und am Ende des Sommers ging ich zu Fuß zu Steineckers, die im nahen Weiler Gasteig einen großen Bauernhof bewirtschafteten. Dort musste ich die Eier für den Winter holen, um sie zu Hause mit der Spitze nach unten roh in schlieriges Wasserglas einzulegen. Der Eimer mit den Eiern wurde unter der Treppe in einem dunklen Loch aufbewahrt.

Meine Pflegemutter, Elisabeth Knogler, verwitwete Schreiner, geborene Weilnböck, kam am 15. Juni 1913 in Grafing zur Welt. Sie kam aus der angesehenen Gerber-Familie Weilnböck und war die Erstgeborene von drei Kindern. Die wirtschaftliche Situation ihrer Eltern ermöglichte es ihr, Klavierunterricht zu nehmen, worauf sie zeitlebens sehr stolz war. Ihren Erzählungen zufolge hatte die Familie Weilnböck in ihrer Kindheit ein Dienstmädchen, einen Knecht und je nach Auftragslage Arbeiter in der Gerberei.

Liesl, das ehemalige Dienstmädchen, das noch jahrelang an Heiligabend zu einem späten Punsch eingeladen wurde, erzählte alljährlich dasselbe, nämlich dass der »Herr ein guter Herr« gewesen war, aber die Frau ein »strenges Regiment« geführt hat. Das war auch schon das Äußerste, was ihr über die Lippen kam.

Im Mädchenalter wurde meine Pflegemutter nach Furth im Wald in Stellung zu einer Apothekersfamilie geschickt, die sie sehr schikanierte. Dort lernte sie auch ihren ersten Mann kennen, den Eisenbahner Alois Schreiner, den sie 1940 heiratete. Sie bekamen zwei Söhne, Manfred und Horst. Was sie schließlich nach Nürnberg verschlug, weiß ich nicht. Dort lebte sie mit den beiden Kindern, ihr Mann war Soldat. Nach den ersten Bombennächten bat sie ihren Vater, nach Grafing in ihr Elternhaus zurückkehren zu dürfen. Ihr Mann galt bald als vermisst, erst nach Jahren erhielt sie die Nachricht, dass er gefallen war. Wo er gefallen war, das erfuhr sie nie. Noch dazu kam nur Tage nach der Kapitulation ihr dreijähriger Sohn Horst bei einem tragischen Unfall ums Leben. Er hatte am Bach gespielt, zusammen mit einem Buben aus der Nachbarschaft, der eine vorbeischwimmende Handgranate für ein Spielzeug hielt und aus dem Wasser zog. Die Handgranate explodierte und riss die zwei Buben in den Tod.

1947 heiratete meine Pflegemutter ein zweites Mal: Johann Baptist Knogler. Und diese beiden wurden meine Pflegeeltern. Er nannte sie »Spotzerl« und wenn er streng war »Lisbeth«. Sie nannte ihn »Babist« mit weichem B in der Mitte.

Das Haus der Großeltern

Das Haus, in dem ich meinen Platz gefunden hatte, gehörte den Großeltern. Ich verstand mit der Zeit, dass Großvater in Grafing sehr angesehen war. Und die Autorität im Hause war er auch.

Großmutter war gelähmt und an einen großen Ohrenbackensessel gefesselt, in dem sie ihre Tage verbrachte. Sie war immer etwas zornig und mich mochte sie nicht besonders, also ging ich ihr aus dem Weg, besser gesagt aus dem Blickfeld.

Im dem alten Haus lebten fünf Parteien. Es gab kein Spülklosett und auch kein Bad, dafür eine große Waschküche im Parterre, in der es zu jeder Jahreszeit feucht und kalt war und zudem nur mäßig hell. Strom war kostbar und wehe, jemand hatte bei Verlassen eines Raums vergessen, das Licht auszuschalten. Der große Hof mit dem sich anschließenden großen Gemüsegarten war das Zentrum, vor allem für uns Kinder. Jede Partei hatte ein kleines Stück Garten und einen Werkzeugschuppen.

Hatten die Großeltern dieses alte, heruntergekommene Haus vielleicht nur wegen des großen schönen Gartens gekauft? Das konnte ich nie herausfinden.

Großvaters Elternhaus mitsamt der Gerberei stand gegenüber. Bereits 1950 hatte es Großvater seinem Sohn Georg überschrieben. Das alte Haus, in dem ich groß wurde, war der Alterssitz der Großeltern. Sie bewohnten die schönste in sich abgeschlossene Wohnung im Haus. Erst wenn man die alte, rostige Drehklingel bediente, wurde man eingelassen.

Meine Pflegemutter versorgte ihre Eltern. Sie kochte und machte die Wäsche für sie. Eigentlich führte sie ihnen den ganzen Haushalt.

Die Großmutter musste morgens aus dem Bett in den Rollstuhl gesetzt und von dort ins Wohnzimmer an ihren kleinen Tisch gebracht und in den großen Ohrenbackensessel gehievt werden. Abends musste sie aus dem Sessel in den Rollstuhl gesetzt und ins Bett gebracht werden. Für diese Prozedur brauchte es drei Personen und sechs starke Arme: Lisbeths, Babists und Großvaters.

Auf ihrem kleinen Tisch lag immer eine frische Serviette mit ihrem Monogramm. Dort nahm sie all ihre Mahlzeiten ein. Ich habe die Großmutter oft weinen sehen.

Im Parterre mit seinem breiten Hausgang, dessen Terrakottaboden stark abgenutzt war, wohnte die Familie Hermann. Von den neun Kindern arbeiteten die ältesten schon und waren ausgezogen. Für mich waren die vielen Kinder prima, hatte ich doch gleich Spielkameraden. Mit den Kleineren freundete ich mich schnell an. Anneliese war die Jüngste, danach kam Toni und dann Gerti, die so alt war wie ich.

Toni und ich waren uns von Anfang an besonders zugetan. Wegen seiner fuchsroten Haare und seiner jeden Frühling wiederkehrenden Sommersprossen wurde er von seinen Geschwistern gehänselt und gepiesackt. Mir haben sie gefallen.

In einer weiteren, sehr kleinen Wohnung im Parterre wohnte eine Frau mit ihrem erwachsenen Sohn und einem großen Hund. Die Frau war nie zu sehen. Ihr Sohn verließ die Wohnung nur mit seinem Hund und nur, wenn niemand im Hausgang war. In allem tat er heimlich.

Bei uns im ersten Stock wohnten also die Großeltern und wir. Weitere Leute, anfangs hauptsächlich Flüchtlinge, teilten sich die restlichen Zimmer. Das Haus war bis zur letzten Kammer belegt. Alle mussten sich die zwei Plumpsklos im Haus teilen.

Anfangs weigerte ich mich, diesen Ort zu betreten. Ich fürchtete mich davor, hineinzufallen und nie mehr herauszukommen, und außerdem stank es fürchterlich. So etwas kannte ich nicht, denn im Kinderheim in Augsburg hatte es saubere Porzellantoiletten gegeben.

Wenn an heißen Sommertagen der Gestank gänzlich unerträglich wurde und wenn sich dann noch die weißen Maden in der Latrinengrube entlang des Abtritts bis hinauf zu uns in den ersten Stock robbten und zwischen Abortrohr und hölzernem Klodeckel auf den Boden fielen und überall umherkrochen, wurde es höchste Zeit, dass Großvater den Zitzlsberger holte, um die Latrine auszupumpen. Davor hatte schon Mutter probiert, die Maden mit brühheißem Wasser unschädlich zu machen. Das große Hoftor wurde geöffnet, damit der Latrinenreiniger Zitzlsberger mit seinem Abpump-Fahrzeug und den dicken Schläuchen ungehindert und schnellstens die Scheiße absaugen konnte. Wir Kinder verfolgten sehr interessiert das schmatzende Verschwinden unserer Ausscheidungen mit zugehaltenen Nasen.

Bei uns im ersten Stock wohnte noch eine Familie mit zwei erwachsenen Kindern, Flüchtlinge aus Jugoslawien, wenn ich mich richtig erinnere. Herr Schüssler war Schuster. Mit seinem Sohn Heinrich führte er eine kleine Schusterei. Ich schaute Frau Schüssler und ihrer Tochter Kathi gerne beim Nähen zu. Sie schneiderten ein duftiges Sommerkleidchen für mich und Herr Schüssler machte mir Sommerschuhe. »Warum quietscht das immer so bei dir, wenn du gehst?«, fragte ich ihn einmal und da zeigte er mir sein Holzbein. »Ich habe meinen Fuß im Krieg verloren, da haben sie mir einen neuen Fuß gegeben, der ein bisschen quietscht.« Die ledernen Sommerschuhe mit Gitter, die Onkel Fritz, so durfte ich zu Herrn Schüssler sagen, für mich schusterte, quietschten beim Gehen auch. Das fand ich toll.

Einmal wollte die Familie Schüssler ein Schwein im Hof schlachten. Großvater war nicht begeistert, genehmigte das Vorhaben aber. Wir Kinder wollten unbedingt dabei sein und alles genau mitkriegen. Kurz vor dem Töten der Sau mit einem Bolzenschuss mussten wir verschwinden und erst als die Sau aufgespreizt und mit dem Kopf nach unten vor dem Schuppen hing, durften wir zurückkommen, um bei der Arbeit zuzuschauen. Onkel Fritz und sein Sohn Heinrich verarbeiteten das Schwein mit einem Metzger und zur Mittagsstunde gab es Kesselfleisch für alle. Am Nachmittag wurde die mit viel Paprika gewürzte Wurstmasse mit einer am Tisch befestigten Maschine in die Därme gedrückt. Dem Schlachtessen blieb meine Familie fern. Vielleicht deshalb, weil man wusste, dass die Schüsslers beim Essen alle furchtbar schmatzten. Bei uns hielt man sehr viel auf gute Essmanieren. Großvater zeigte mir, wie man mit dem Besteck ordentlich isst, und Schmatzen war überhaupt vollkommen unmöglich.

Dennoch, ich mochte die Schüsslers und wenn ich mir zu Hause Ärger eingehandelt hatte, ging ich manchmal zu Frau Schüssler, die immer sofort wusste, was es geschlagen hatte.

»Warst wieder ein böses Kind? Soll ich dir ein Schmalzbrot machen? Das magst du doch so gerne, und jetzt werd' wieder ein broves Kind.« Dann briet sie ein paar Scheiben in rotem Paprika gewälzten Speck in der Pfanne und machte mir ein Schmalzbrot, was mir sehr gut schmeckte. Und ich versprach, mich zu bessern.

Großmutters Tod

EINES TAGES, DRAUSSEN war es noch dunkel, verbreitete sich eine fiebrige Unruhe in unserer Küche. Mir wurde gesagt, dass Großmutter im Sterben liegt. Schon bald war Tante Toni da, Mutters Schwester. Sie rannte abwechselnd zwischen sterbender Mutter und Küche hin und her. Großmutter verlangte nach ihrem Sohn, der aber war auch an diesem Morgen schon früh unterwegs. In ihrem Todeskampf schrie sie laut seinen Namen. Vergeblich.

Der Priester wurde gerufen, der der Sterbenden die letzte Ölung verabreichte. Alsbald stürzte Mutter in unsere Küche, um zu verkünden, dass es zu Ende gehe, Großmutter schlage um sich, es rieche nach Schwefel und der Teufel fahre aus ihr heraus. Der Teufel, das wusste ich, hatte Hörner und war ein furchtbar böser Kerl. Das reichte, um mir richtig Angst zu machen. Stand der Teufel mit seinem langen Schwanz vielleicht vor Großmutters Bett? Ich war sechs Jahre alt.

Der herbeigeholte Arzt stellte den Totenschein aus und danach wurde es ruhig. Mutter sagte: »Ich habe die Fenster geöffnet, damit die arme Seele in den Himmel hinauffahren kann.«

Großmutters Sohn Georg kam zu spät.

Bei der Beerdigung durfte ich den Zug der Trauernden anführen. Ich trug ein mit einem Trauerflor geschmücktes kleines Holzkreuz. Alle waren schwarz angezogen und die Frauen trugen zusätzlich einen am Hut befestigten blickdichten Schleier, der das Gesicht verbarg. Alles war sehr gespenstisch und wie in einem bösen Märchen.

Es war meine erste Begegnung mit dem Tod und mein erstes Begräbnis. Für Mutter war der Tod ihrer Mutter, auch wenn es niemand aussprach, eine große Erleichterung. Ihre Mutter hatte es ihr zeitlebens sehr schwer gemacht.

Eine dicke Schwester vom Orden Maria Stern hatte in besonders beschwerlichen Zeiten Mutter bei der Pflege zur Seite gestanden. An solchen Tagen hatte die Schwester für mich die besten Pfannkuchen mit Marmelade gebacken. Jetzt, wo alles vorbei war, kümmerte sie sich um die von Ekzemen befallenen Hände der Mutter. Sie mussten dringend behandelt werden. Die Schwester kam alle paar Tage mit Salben und Verbandszeug, bereitete ein spezielles Bad und bandagierte Mutters Hände. Allmählich gesundeten sie.

Manfred

Weil Manfred sechs Jahre älter war als ich, spielten wir wenig zusammen. Für mich war er mein großer Bruder, was sich auch daran zeigte, dass er in einem Bett wie die Erwachsenen schlief, ich aber noch in einem Gitterbett. Das Zimmer, das wir uns teilten, diente uns nur zum Schlafen. Manfred wollte seine Ruhe haben, doch ich, das »Fegeisen«, ärgerte ihn zur Bettgehzeit mit meinem Toben. Wurde es ihm zu bunt, schrie er voller Wut nach seiner Mama. Und er musste auch schreien, um bis in die auf dem Gang liegende Küche gehört zu werden. Dann kam Mutter angedonnert und blieb in der Tür stehen: »Jetzt is sofort a Ruah, jetzt werd sofort gschlafn!« An solchen Abenden gab es kein liebevolles Zudecken. Das war nämlich ein Befehl.

In unserem Zimmer stand ein hohes Regal mit sämtlichen Einmachgläsern für den Winter. Eines Morgens, als Mutter uns wecken wollte, knirschte es unter ihren Füßen. Erschrocken stellte sie fest, dass es nachts eine Himbeersaftflasche zerrissen hatte. Der Boden war voller Glassplitter und an den Wänden lief die rote Soße herunter. Wir, Manfred und ich, hatten nichts gemerkt. Und Glassplitter hatten uns auch nicht verletzt.

Jahre später, Manfred stand kurz vor seinem Volksschulabschluss und freute sich schon auf seine Konditorlehre, passierte Folgendes: Manfred war ein leidenschaftlicher Schwimmer und jede freie Minute im Freibad. Eines Sommernachmittags erreichte uns die Kunde, Manfred sei verunglückt und ins Ebersberger Kreiskrankenhaus eingeliefert worden. So bestätigte es sein Freund Karli, der irgendwann, schlotternd, mit zittriger Stimme und Manfreds Badehose in der Hand, auf dem Treppenabsatz erzählte, was passiert war. Mutter blieb erstarrt oben auf der Treppe stehen, sie konnte nicht fassen, was sie hörte. Vielleicht erinnerte sie sich augenblicklich daran, wie ihr Sohn Horsti ums Leben gekommen war.

Im Freibad gab es eine Schiffschaukel, an der die Kinder immer Schlange standen und es zu Raufereien kam, wer als Nächster einsteigen durfte. Als Manfred und seine Freunde an der Reihe waren, legten sie sich ins Zeug und trieben die Schaukel höher und höher, bis hinauf zu den Ästen. Manfred wurde es schlecht, er bat die anderen, aufzuhören und ihn aussteigen zu lassen. Die hatten aber ein besonderes Vergnügen daran, noch wilder zu schaukeln. Manfred flog aus der Schaukel und landete unter ihr auf dem Boden. Er krümmte sich vor Schmerzen. Ein Krankenwagen wurde gerufen, der Manfred ins Krankenhaus brachte. Er hatte sich einen komplizierten Armbruch zugezogen. Mit einem großen Gipsverband wurde er Tage danach entlassen.

Er weinte viel. Die Schmerzen ließen nicht nach, sie schienen im Gegenteil von Tag zu Tag größer zu werden. So ging das eine Weile, bis schließlich unser Hausarzt, Herr Peckert, sagte: »So kann das nicht weitergehen. Der Bub muss noch mal geröntgt werden.« Manfred kam also erneut ins Krankenhaus. Der Gipsverband wurde entfernt und man brachte ihn auf die Röntgenstation. Ein Spezialist stellte fest, dass nicht nur der Arm, sondern auch das Schultergelenk gebrochen gewesen war. Das Gelenk war falsch zusammengewachsen und der Grund für Manfreds Schmerzen.

Zur weiteren Behandlung brachte man Manfred in die Orthopädische Kinderklinik nach Aschau am Chiemsee, die auf besonders komplizierte Erkrankungen des Bewegungsapparats bei Kindern spezialisiert war. Ein Kinderkrankenhaus mit modernster Heilbehandlung und schulischer Betreuung.

Manfred musste mehrmals operiert werden und die Tage und Nächte in einer Gipsschale verbringen. Erst nach etlichen Wochen durfte ich ihn mit Mutter besuchen. Manfreds Aussehen hatte sich vollkommen verändert. Vor uns lag ein sonnengebräunter Junge in Shorts mit vielen anderen Jungs auf einer von Markisen beschatteten Sonnenterrasse in seiner Gipsschale.

Er war kräftig geworden und ein leichter dunkler Flaum zierte seine Oberlippe. Er schwärmte von den netten Schwestern und dem guten Essen, von den freundlichen Lehrern, bei denen das Lernen Spaß machte.

Von der Terrasse aus sah man die ab- und aufsteigenden Gondeln der Kampenwandbahn. Ich fand es wunderschön dort und wäre gerne geblieben.

Für Manfred hatte sich alles zum Guten gewendet. Bei seiner Entlassung hatte er einen ausgezeichneten Schulabschluss in der Tasche. Die Gipsschale musste er allerdings mit nach Hause nehmen, mit dem Versprechen, die nächsten Jahre darin zu schlafen. Außerdem trug er noch lange tagsüber ein Stützkorsett, das seinen Oberkörper aufrecht halten sollte.

Er war sehr froh, jetzt endlich seine Konditorlehre beginnen zu können. Sein Lehrherr war Onkel Benno, der Mann von Toni, der Schwester meiner Pflegemutter. Manfred bekam ein kleines Zimmer in deren Haus und ließ sich nur noch selten bei uns in der Griesstraße blicken.

Onkel Benno und Tante Toni

Benno und Toni Fischer betrieben eine Konditorei mit Café, beides nigelnagelneu, gleich drunten am Marktplatz. Wenn einer von beiden Geburtstag hatte, schickte mich Mutter mit einem Blumensträußchen aus dem Garten zum Gratulieren. Ich sollte immer über den Hof ins Haus gehen und nicht durch den Laden. Wenn ich beim Öffnen der Hoftüre Onkel Bennos großen, pechschwarzen Schäferhund vor der Haustüre liegen sah, wagte ich nicht weiterzugehen, auch wenn Onkel Benno mir jedes Mal versicherte, dass »Blitz« mir nichts tun würde. Trotzdem hatte ich immer ein wenig Angst, und wenn Blitz zu bellen anfing, machte ich schnell das Tor zu und lief trotzdem nach vorne zum Ladeneingang. Ich trat ein, nicht ohne »i bin's« zu sagen, was alle, die mit dem Haus zu tun hatten, sagen mussten. Das »I bin's« habe ich anfangs überhaupt nicht verstanden. Es war doch klar, dass ich es bin, nicht jemand anders.

Zur Begrüßung musste ich die Hand geben und einen Knicks machen. Danach sagte ich mein Geburtstagsverserl auf, dann durfte ich mich in die Küche setzen und mir einen Kuchen aussuchen und einen Kakao dazu wünschen. Onkel Benno nannte mich »Schoasdromme«, was so viel wie Furztrommel bedeutete, und Tante Toni rief mich »Fräulein Zizzibä«. Ich kann mich nicht erinnern, dass mich die beiden zu dieser Zeit jemals mit meinem Namen Gisela oder Gisi, wie viele zu mir sagten, gerufen hätten. Ein bisschen komisch fand ich das schon, doch weil alle ihren Spaß dabei hatten und lachten, lachte ich eben auch.

Die zum Hof hin liegende Backstube zog mich magnetisch an. Da war Alois, der Konditorgeselle, dem ich beim Tortenmachen gerne zuschaute, wenn er die duftenden Tortenböden aus dem Backofen holte, vom Backring und vom Pergamentpapier befreite und quer durchschnitt, damit sie schneller auskühlten. Die große Rührmaschine, die Teig, Sahne und Cremes rührte und alles, was man für die Torten und Kuchen brauchte, stand selten still. Jeder Teig, jede Creme hatte einen besonderen Duft – nach geriebenen Nüssen, Marzipan, Orangen-, Kirsch- oder Ananas-Marmelade, nach Rum, Schokolade oder Vanille.

Wenn Onkel Benno und Alois mit dem Patisseriemesser elegant die Torten mit Creme oder Sahne bestrichen, zeigte sich ihr Können. Geburtstags- oder Hochzeitstorten wurden zusätzlich mit Ornamenten oder Glückwünschen verziert. Dazu diente ein mit Schokolade gefülltes Spritztütchen. Die Jahreszeiten spielten eine große Rolle. Im Winter wurden Nikoläuse gegossen, zu Ostern Osterhasen. Und wenn Onkel Benno mich mit seinem DKW manchmal noch mitnahm, um frische Schlagsahne in der Taglachinger Molkerei zu holen, war ich selig.

Tante Toni war da etwas strenger mit mir. Wenn sie schlechte Laune hatte, und das hatte sie oft, ging ich ihr aus dem Weg und verdrückte mich in die Backstube. Sie hielt mich zum Handarbeiten an, sie hatte Schneiderin gelernt. Ich sollte Sticken lernen, vor allem mit dem Kreuzstich hat sie mich gequält. Doch sie hatte nicht nur mit mir wenig Geduld. Wenn ihr etwas nicht passte, konnte man das an ihrer Art, wie sie die Kaffeemaschine malträtierte, hören. Am Herausschlagen des alten Kaffeesatzes war ihre Laune ablesbar. Da krachte und schepperte es bis hinein ins Café und ich wusste dann, dass es das Beste war, ihr aus dem Weg zu gehen.

Mir kamen Onkel Benno und Tante Toni mit ihrem Spülklosett im Badezimmer, mit ihrem Telefon und ihrem Auto sehr reich vor.

Die beiden Schwestern, meine Pflegemutter und Tante Toni, hätten unterschiedlicher nicht sein können. Tante Toni, Zigaretten rauchend mit rot lackierten Fingernägeln und herrschsüchtig, meine Pflegemutter nah am Wasser gebaut, oft ins Sentimentale verfallend, bescheiden, gläubig und schnell sich schuldig fühlend.

Onkel Schorsch

ONKEL SCHORSCH WOHNTE mit seiner Familie im Haus seiner Eltern, also meiner Großeltern, also der Eltern meiner Pflegemutter. Onkel Schorsch, der selbst Gerber gelernt hatte, hatte das Haus samt Gerberei wie erwähnt 1950 von seinem Vater überschrieben bekommen.

Großvater nahm mich mit, wenn er dort mit dem Handwagen nasse Lohe holte, ein Abfallprodukt aus der Gerberei, das vorzüglich zum Anheizen im Winter geeignet war und in unserem Hof zum Trocknen ausgebreitet wurde. Wenn die Lohe strohtrocken war, wurde sie in Säcke gefüllt und auf dem Speicher für die Wintermonate aufbewahrt.

Ich fürchtete mich davor, Onkel Schorsch mit »Onkel Schorsch« anzusprechen, weil ich das wichtige »R« noch nicht immer ganz fehlerfrei aussprechen konnte und Angst hatte, dass ein Onkel »Schoas«, was ja in Bayern so viel wie Furz bedeutet, aus meinem Mund herausrutschen könnte, und das wäre sehr unhöflich gewesen. Und noch dazu vor Großvater, der auf anständige Umgangsformen so großen Wert legte. Diese kleine Sprachschwierigkeit hielt mich dennoch nicht davon ab, zwischendurch zu schauen, ob vor dem offenen Garagentor sein Auto mit Anhänger stand, denn dann wusste ich, dass er da war und arbeitete. Eine spontane Lust trieb mich über die Straße zu ihm und hinein in seine Garage, in der er seine Tierhäute bearbeitete. Vielleicht war es auch seine Heiterkeit, die mich lockte. Ich schaute ihm, bestimmt nicht ohne ein gewisses Grausen, gerne zu, wenn er von den ausgebreiteten frischen Häuten das Blut und die Fleischreste schabte und die Häute zwischendurch mit einem Wasserschlauch abspritzte, bis alles im Bach verschwand. »Was sind das für komische Luftballons, die da in der Ecke hängen«, fragte ich ihn. »Das sind Saublosn.« Ja, »aber was sind Saublosn?« So ging das die ganze Zeit. Meine Neugierde, die Welt um mich herum zu verstehen, war unerschöpflich und sicher auch nervtötend. Onkel Schorsch hat aber die meiste Zeit gelacht, er fand meine Aufgewecktheit prima. So habe ich das jedenfalls in Erinnerung. Im ganzen Haus roch es nach frisch gegerbtem Leder, ein strenger Geruch, der sich damals auch noch in den Schuhgeschäften hielt, aber irgendwann spurlos verschwand.

Zur Straße hin gab es einen kleinen Laden. Dort kaufte auch der Schuster Schüssler das Leder, das in Ballen in Regalen lag, für seine Schusterei. Eine Waage mit Gewichten bemaß den Preis. Das Hirschleder roch am besten, das war ganz was Feines, das fand ich damals schon. Ansonsten gab es in dem Laden noch Lederbänder für Schuhe und Bundlederhosen, kurze Lederhosen, die auch nur »Kurze« genannt wurden, Hosenträger, Lederfett und vieles mehr.

Aus dieser Zeit stammte auch meine erste und einzige Lederhose, die ich, hatte ich sie erst mal an, nicht wieder ausziehen noch hergeben wollte. Ein Kurze aus Wildleder und tannengrün eingefärbt, ohne Herzchen und ohne Stickereien auf den Hosenträgern, dafür wunderschön, weich und wohlriechend. Was habe ich die geliebt und was habe ich geweint, als sie mir nach einem Winter nicht mehr passte und es keine zweite gab.

Mit der Zeit wurden meine Garagenbesuche weniger. Anfangs spielte ich noch für den kleinen Schorschi, den Sohn meines Onkels Schorsch, und die mit im Haus wohnenden Kinder einer Zahnarztfamilie Kasperltheater. Das gefiel ihnen sehr und immer baten sie mich, am nächsten Tag wiederzukommen und wieder Kasperltheater zu spielen.

Schließlich, ich weiß gar nicht mehr, wie und warum, endete das alles und ich wurde nur noch einmal im Jahr, und zwar an Heiligabend, gerufen, um mein Weihnachtsgeschenk abzuholen. Ein nüchterner Karton ohne Weihnachtspapier, in dem ein paar Orangen und Nüsse beim Nachhausetragen hin und her kullerten. Die Geschenke durfte ich erst zur Bescherung sehen und sie begeisterten mich nie sonderlich. Einmal lag ein meterlanger Stoff für ein Sommerkleid unverpackt in dem Karton. Mutter breitete den Stoff aus und musste feststellen, dass er vollkommen verschossen war. »Der hat wohl zu lange im Schaufenster gelegen.« Mutter war verletzt und weinte. Vater tröstete sie. Ich verstand damals gar nichts, spürte aber, dass etwas gewaltig im Argen lag.

Onkel Hans und Tante Resi

ONKEL HANS UND TANTE RESI führten eine kleine Bäckerei und eine kleine Landwirtschaft unten am Kirchplatz. Von ihrem Küchenfenster aus schaute man direkt auf die Stadtpfarrkirche und den Stadtfriedhof. Die Kinder von Onkel Hans und Tante Resi waren alle schon erwachsen, als ich sie kennenlernte. Außer Hans und Irmi waren da noch Betty, Resi und Schorsch. Martin ist im Krieg geblieben. Wenn ich mit Mutter zu einem Rosenkranz in der Kirche und einem kurzen Gegrüßetseistdumaria an Horstis Grab gewesen war, schauten wir anschließend bei Tante Resi im Bäckerladen vorbei. Tante Resi und Mutter unterhielten sich gerne und ich beobachtete dabei mit Staunen Tante Resis Ohrschmuck, der beim Sprechen lustig hin und her zitterte. Dass das Granatsteinchen waren, wusste ich von Mutter. Tante Resi schenkte mir eine Breze oder eine Schnecke, je nachdem, worauf ich Lust hatte. Mutter kaufte einen Laib Brot. Die Brezen und die Maurerlaiberl von Onkel Hans waren die knusprigsten von ganz Grafing. Onkel Hans, so erzählte mir Mutter, war auch mal Bürgermeister von Grafing gewesen, was mich etwas einschüchterte. Dabei war schon sein mächtiger Schnurrbart respekteinflößend. Sein Sohn Hans, zu dem ich auch Onkel Hans sagen durfte, machte seine Scherze mit mir. Ich schaute ihm zu, wenn er den Semmelteig auf eine Platte klatschte und mit der Semmelpresse die Semmelportionen herausstanzte. Er drohte mir lachend: »Wenn du nicht brav bist, kommst du in die Mehlkiste.« Da hab dann ich erst richtig gelacht. Ich wusste, dass er das nie machen würde.

Draußen auf dem Hof zog es mich zu dem kleinen Stall. Ein paar Kühe und Schweine und gleich rechts der Stalltür die Box von Hans. Hans hatte ein fuchsrotes Fell, seine Augen, seine Mähne und sein Schweif waren pechschwarz. Das alte, in Wasser eingeweichte Brot in dem großen Holzfass dort war für die Schweine bestimmt.

Es war schon ein wenig irritierend für mich, dass es da so viele »Hansens« gab. Mit Hans, dem Pferd, wurden täglich um die Mittagszeit und das ganze Jahr über frisches Brot und frische Semmeln in Leinensäcken mit dem Einspänner ins vier Kilometer entfernte Unterelkofen gebracht. Die Frauen in dem kleinen Lebensmittelladen dort warteten immer schon. Onkel Hans machte hie und da, wenn Ferien waren, einen kleinen Abstecher in die Griesstraße und ließ mich zu sich hinauf auf den Kutschbock klettern. Nur wenige Straßen waren asphaltiert, sodass es unter den mit Eisen beschlagenen Rädern mächtig knirschte. Erreichten wir die Sandwege außerhalb der Stadt, genügte ein Schnalzer von Onkel Hans und schon fiel Hans in einen leichten Trab. Und wenn Hans dann noch unter Fürzen Pferdeäpfel fallen ließ, mussten Onkel Hans und ich laut lachen. Beim Trab hat es ganz schön gerumpelt und ich musste mich dort oben auf der kleinen Bank an der dünnen Umfassung gut festhalten, um bei Schlaglöchern nicht vornüberzustürzen und im Graben zu landen. Bei Onkel Hans musste ich da keine Angst haben, dass er runterfallen könnte. Dazu war er viel zu dick.

Hatten wir in Unterelkofen die vollen gegen die leeren Leinensäcke getauscht und vielleicht noch schnell ein »Kracherl«, eine Limo, getrunken, ging es wieder zurück. Den Weg nach Hause fand Hans ganz allein. Im Hof angekommen, befreite ihn Onkel Hans von seinem Geschirr. Das war für Hans das Zeichen, sich seine tägliche Brotscheibe abzuholen, die ihm Tante Resi durchs Küchenfenster reichte. Erst danach ging er zurück in den Hof und in seine Box im Stall, wo er sich satt fraß und bis zu seinem nächsten Einsatz ausruhte.

Im Sommer, wenn das am Morgen gemähte und gewendete Heu wegen aufsteigender Gewitter schnellstens eingefahren werden musste, wurden alle Hände gebraucht. Auch Vater, eigentlich ja auch noch ein Hans, hieß er doch Johann Baptist, half mit. Ihn nannten aber ja alle nur Babist.

Die Frauen rechten das Heu zu langen Schlangen und die Männer gabelten es auf den bereitstehenden Heuwagen. Einmal fraß Hans, der Gaul, der im Schatten stand, in meinen kleinen, pinkfarbenen Sommerstrohhut ein Loch hinein. Erst war ich beleidigt, weil ich auf meinen Hut so stolz gewesen war, aber schon bald fand ich es lustig, denn Hans hatte ja vielleicht Hunger gehabt und angebunden wie er war, war nur mein Hut in Reichweite gewesen. Außerdem versprach mir Tante Irmi, die mir den Hut geschenkt hatte, einen neuen. Auf der Heimfahrt durfte ich neben ihr ganz oben im duftenden Heu sitzen.

War die Heuernte trocken unter Dach und Fach, rief Tante Resi alle zu Essigknödeln mit Regensburgern in die Stube. Dazu gab es Bier. Schweißgebadete, müde und hungrige Männer und Frauen aßen und tranken zusammen am großen Tisch. Geschlafen haben dürften danach alle gut.

Johann (Hans) Schwaiger war der Schwager meines Großvaters. Großvaters Frau war eine geborene Schwaiger. 1960 wurde Johann Schwaiger zum ersten Ehrenbürger der Stadt Grafing ernannt.

Mein Vormund

Im Oktober 1949, ich war also gerade drei Jahre alt, hatte die Katholische Jugendfürsorge für München und Freising unter der Leitung von Dr. Andreas Fendt meine Vormundschaft übernommen. Ein- bis zweimal im Jahr musste ich mit Mutter in Dr. Fendts Büro in München in der Liebigstraße 10 erscheinen. Jedes Mal war ich etwas aufgeregt, obwohl alle in seinem Büro sehr nett zu mir waren und mit mir scherzten, während wir warteten. Dann bat uns Dr. Fendt in sein Arbeitszimmer. Er sprach sanft mit mir, fragte mich, wie es mir gehe, was ich so treibe und ob ich schon Freunde gefunden hätte. Ich dachte anfangs, er sei ein Arzt, weil er einen weißen Kittel trug. Ich musste mich bis auf die Unterwäsche ausziehen und auf einen Stuhl stellen. Außer Dr. Fendt waren noch weitere Personen anwesend, die mich begutachteten und prüften, ob ich mich körperlich und geistig gut entwickele. Dazu musste ich mich langsam auf dem Stuhl um mich selbst drehen. Das, was ich dabei empfand, war schaurig-schön. Ich schämte mich und gleichzeitig war es lustvoll, wenn auf meinem schmalen Rücken mit einem Holzstäbchen von links nach rechts und von oben nach unten entlanggestrichen wurde, um die Reizbarkeit der Haut zu testen.

Irgendwann musste ich das Zimmer verlassen, weil Dr. Fendt noch mit Mutter alleine sprechen wollte. Ich hatte ein wenig Angst, dass Mutter von meinen Ungezogenheiten erzählen könnte, doch seine junge Sekretärin lenkte mich mit ihren Späßen ab.

Trotz all der netten Leute war ich froh, wenn ich mit Mutter das Haus verlassen konnte. Anschließend gingen wir nämlich noch in der großen Stadt einkaufen. Da bekam ich hin und wieder etwas Schönes zum Anziehen. Vielleicht noch eine Süßigkeit dazu und vielleicht noch ein kleines Spielzeug. Ich wäre am liebsten die ganze Zeit Rolltreppe gefahren.

Da ich ein Pflegekind war, war es gesetzlich vorgeschrieben, einen Vormund für mich zu bestellen. Kinder, die nicht bei ihren leiblichen Eltern groß wurden, wurden auf diese Weise bis zu ihrer Volljährigkeit, die damals beim 21. Lebensjahr lag, staatlicherseits begleitet.

Einschulung

WENIGE TAGE vor meinem siebten Geburtstag wurde ich eingeschult. Schultüten waren eine Seltenheit. Kaum jemand hatte dafür Geld. Nur ein Mädchen in unserer Klasse hielt eine prächtige Zuckerltüte im Arm. Ihre Mama war mit einem GI verheiratet, vielleicht deswegen. Saubere Kleidung, Strümpfe ohne Löcher und saubere Hände waren wichtiger. Das Schreibwerkzeug bestand aus Griffeln, einer Schiefertafel, dazu ein immer feucht zu haltender Schwamm und ein Lappen zum Trocknen. Das Schreiben auf der Schiefertafel mit den harten Griffeln hinterließ kratzende Pfeifgeräusche bei den ersten Schreibversuchen.

Frau Sigerist, meine Lehrerin in der ersten Klasse, mochten wir alle sehr. Sie war auf eine gute Art streng. Ihrem Unterricht mussten wir mit untergeschlagenen Armen folgen. Bei ihr durften wir mehrere Male den Schwarz-Weiß-Film »Die Stadtmaus und die Feldmaus« anschauen, der uns alle zum Lachen und Schreien brachte, wenn die angeberische Stadtmaus gegen die kluge Feldmaus nicht ankam. Ich ging gerne zur Schule. Ich war gerne unter Kindern.

Zwischen dem ersten und zweiten Schuljahr musste ich ins Kinderkrankenhaus Steinhöring, weil ich immer mit Polypen und Mandelentzündungen zu tun hatte. Eine sehr dicke Schwester brachte mich auf die OP-Station. Schon auf der Treppe dorthin schrie ich und klammerte mich am Geländer fest. Ich wollte keinen Schritt mehr gehen. Schließlich gelang es der Schwester, mich hinaufzuzerren. Sie hielt mich mit ihren Armen wie in einem Schraubstock fest. Der Äthergeruch jagte mir heftige Angst ein. Ein Arzt, auch er sehr dick, hielt mir ein mit Äther getränktes Tuch vors Gesicht und sagte, ich solle bis zehn zählen. Dann war nichts mehr. Nach dem Aufwachen im Krankenzimmer tat mir alles weh. Ich konnte nichts essen.

Mutter hat mich besucht und getröstet. Auch Onkel Benno war einmal da. Er hat mir 1 Mark dagelassen, davon sollte ich mir am Kiosk Eis kaufen, denn Eis würde die Heilung fördern. Das Steckerleis von Jopa kostete 20 Pfennig.

Leider landete das Markstück im Spülklosett. Aus Angst, es könnte mir irgendjemand dieses wertvolle Geschenk stehlen während ich auf dem Klo war, nahm ich es mit. Das Spülklosett faszinierte mich dermaßen, es hat mich wohl an die Spülklosetts im Kinderheim erinnert, dass ich, kaum war der Wasserkasten nach dem Ziehen wieder gefüllt, erneut an der Kette zog. Da passierte es. Das Markstück fiel ins Klo und verschwand für immer. Niemandem hab ich jemals von meinem Missgeschick erzählt, so sehr schämte ich mich.

In meinem ersten Zeugnis stand zu lesen: »Das Kind muss immer viel fleißiger und aufmerksamer sein. Sein Benehmen ist lieb.«

Kinderspiele

Ausser Versteckspielen, »Haisl hupfa«, Kaiser, wie viel Schritte darf ich gehn, Ochs am Berg, »Fangermandl« und Vater-Mutter-Kind gab es ein Spiel, das wir, die Hermann-Kinder und ich, uns selbst ausgedacht hatten. Es hieß »Uhren verkaufen«.

Am besten spielte es sich, wenn wir zu vielen waren, wenn noch Kinder aus der Nachbarschaft mitspielten. Als Erstes mussten ein Uhrenverkäufer oder eine Uhrenverkäuferin und ein Kunde bestimmt werden. Alle anderen waren »Uhrenkinder«. Sie mussten untereinander geheim ausmachen, wer welche Uhr ist. Also zum Beispiel Wanduhr, Standuhr, Kuckucksuhr, Armbanduhr und Wecker. Dann mussten sich die Uhrenkinder in einer Reihe aufstellen und auf den Kunden warten. Der kam dann mit »Ringring« in das Uhrengeschäft, wo er von dem Verkäufer oder der Verkäuferin aufs Höflichste empfangen wurde. Annelies, die gerne die feine Dame spielte, konnte das am besten. Sagte dann der Kunde zum Beispiel »ich möchte eine schöne Wanduhr kaufen«, musste die Wanduhr vortreten. Die Verkäuferin präsentierte die Vorteile dieser schönen Uhr, zog sie mit einer imaginären Handkurbel hinten am Rücken auf und schon fing die Uhr an, wunderbare Tick- und Gonglaute von sich zu geben. Der überzeugte Kunde zahlte und verließ samt Uhr den Laden. »Zu Hause«, also ein paar Schritte vom Uhrengeschäft entfernt, fängt plötzlich die Uhr an, seltsame Geräusche zu machen. Sie schnauft, pfeift, krächzt, spuckt, und schreckliche Wörter beginnen aus ihr hervorzusprudeln: Dreckhamme, Scheißhaus, Abortdeckel, Mistviech, Hund vareckta, bläde Sau, oide Schäsn. Toni hatte immer die besten Einfälle, es brach wie ein Wasserfall aus ihm heraus. Jedes mal aufs Neue haben wir uns gebogen vor Lachen. Hören durfte uns niemand, was aber natürlich nicht immer zu vermeiden war. Und so geschah es einmal, dass ein gellender Pfiff uns aus dem Spiel riss. Wir wussten sofort, was die Stunde geschlagen hatte. Großvater, die Autorität des Hauses, schaute wie ein General aus dem Klofenster. Weiter musste er nichts tun. Das Spiel war aus für heute. Wir haben es immer wieder gespielt. Zu groß war die Versuchung, auf diese Weise verbotene Wörter herauszuschreien.

An Regentagen verführte uns die nasse Hoferde, aus ihr Brotlaibe, Semmeln, Nussschnecken und Kuchen zu formen, mit Gräsern, Blumen und kleinen Steinchen zu verzieren und zum Backen in die Nischen der herumstehenden Holzstöße zu legen. Waren sie fertig gebacken, wurde alles auf Bretter gelegt und zum Kauf angeboten. Die Käufer schmeckten die Ware, hielten sie für vorzüglich und bezahlten dafür. Schmeckte sie nicht, wurde die Verkäuferin beschimpft und schlimmstenfalls mit der Ware beworfen. In der Regel endete das Spiel in einer Schlammschlacht. Eigentlich mündete immer alles, was freudig begonnen hatte, in Geschrei und Tränen. Spätestens dann war einer von den Eltern zur Stelle und befahl uns, ebenso schreiend, sofort aufzuhören mit der Sauerei. »Sonst geht es sofort ins Bett.« Am helllichten Tag ins Bett zu müssen, das war die Höchststrafe. Also pumpten wir uns das eisige Grundwasser am Gartenbrunnen hoch und wuschen uns die Erde von den Leibern.

Die Griesstraße

Mutter nahm mich von klein auf bei ihren vielen Einkäufen mit. Ich lernte die verschiedenen Geschäfte und deren Besitzer kennen. Menschen, die Mutter kannte, musste ich die Hand geben, einen Knicks machen und »schön Grüß Gott« sagen.

Nur wenige Schritte von unserem Haus in der Griesstraße entfernt lag der Kindergarten, der von Schwestern des Ordens Maria Stern geführt wurde. Dorthin muss ich ungefähr eineinhalb Jahre gegangen sein. Ich hatte kein Problem, mich dreinzufinden, weil der Anblick von Ordensschwestern zu meinen frühesten Erfahrungen gehörte. Ich ging gerne in den Kindergarten. Da waren die süßen kleinen Puppenwägen aus Korbgeflecht mit ihren rotkarierten Deckchen und Kisschen, die bunten, flachen, rautenförmigen Hölzchen, die sich zu Sternen zusammenlegen ließen, die Kugelbahn für die bunten Murmeln, die Schaukel unter der überdachten Veranda, die im Sommer herausgeholt wurde und hinter der wir darauf warteten, an der Reihe zu sein, und vor allem der große Sandkasten, der allerhand Streitigkeiten und Sandverschleppungen ertragen musste.

Zu besonderen Anlässen wurden Lieder und kleine Theaterstücke einstudiert und aufgeführt. »Zeigt her eure Füße, zeigt her eure Schuh und sehet den fleißigen Waschfrauen zu. Sie waschen, sie waschen, sie waschen den ganzen Tag.« So sangen und spielten wir vor ausgewähltem Publikum – in der ersten Reihe der Herr Stadtpfarrer –, mit Plastikschürzen ausgestattet, und wuschen zum Vergnügen der Zuschauer in mit Wasser gefüllten Schüsselchen bunte Kindertaschentücher. Am Ende der Vorstellung lachten und klatschten alle, was mich mit Stolz erfüllte.

Die Griesstraße hieß Griesstraße, weil schräg gegenüber von uns eine Griesmühle stand. Dort wurde von morgens bis abends

Korn zu Mehl gemahlen. Das Mahlgeräusch war allgegenwärtig. Und da gab es auch noch den Grieswirt, die Wirtschaft für die einfachen Leute. War bei uns das Tragl leer, musste ich dort für Vater eine oder zwei Flaschen Bier kaufen. Er selbst ging nie zum Grieswirt. Er traf seine Freunde immer beim Grandauer am Marktplatz.

»Millimayr«, so hieß der Milchladen in der Griesstraße. Sepp Mayr, dem der Milchladen gehörte, war für alle der »Millimayr-Sepp«. Er war ein richtiger Sepp in Lederhose oder Trachtenanzug. Wenn frühmorgens das leichtfüßige Trab-Trab-Trab den Tag ankündigte, wusste ich, dass Herr Pauker mit seinem hübschen kleinen Haflinger frische Milch und Sahne brachte. Das Pferdchen wartete geduldig, bis die zwei Männer unter Scheppern die leeren gegen die vollen Milchkannen getauscht hatten. »Jetzt gibt's frische Milch«, hieß das für mich. Dann rannte ich mit meinem Schnabelhaferl los, ließ mir einen viertel Liter Milch einfüllen und ging, um nichts zu verschütten, etwas vorsichtiger zurück. Der Millimayr-Sepp, der mich mochte, war der Überzeugung: »Die Gisela kann gar nicht normal gehen, sie muss immer hüpfen, springen oder rennen.« Der lebenslustige Junggeselle, leidenschaftliche Jäger und Kirchenchortenor sang, wenn er abends die Milchkannen und die Terrazzoböden mit heißem Wasser reinigte, aus vollem Hals Jagd- und Kirchenlieder – und Liebeslieder auch. Geheiratet hat er erst, als seine bigotte Mutter auf dem Friedhof lag.

Zum Bäckerladen gleich nebenan musste man ein paar Stufen hochsteigen. Es roch gut nach frischem Brot und frischen Semmeln. Ganz selten durfte ich mir eine Zuckerbreze kaufen. Die großen Guadlgläser neben der Kasse waren für Kinder wie mich unerreichbar. Die beiden Besitzerinnen bezichtigten die Kinder gerne des Diebstahls. Sie hätten mit ihren dreckigen Fingern Guadln aus dem Glas gestohlen. Dabei waren doch die Kinderarme viel zu kurz dafür.

Zum Griesmüller, das war unser einziger Lebensmittelladen in der Straße, wurde ich oft noch kurz vor Ladenschluss geschickt, um Vergessenes zu kaufen, zum Beispiel Spaghetti oder die ungeliebte Erbswurst für eine schnelle Suppe. Die musste immer herhalten, wenn Mutter keine Lust hatte zu kochen. Die am Haken hängende Erbswurst beschäftigte mich eine ganze Weile. Ich fragte mich, was dieses Ding mit der Erbsünde zu tun haben könnte. Ich wusste schon, was die Erbsünde ist und dass man, um sie loszuwerden, getauft sein muss. Aber die Erbswurstfrage blieb eine gewisse Zeit ein Rätsel. Aus Angst, ich könnte mich blamieren, habe ich es nicht gewagt, jemanden zu fragen, und irgendwann hat sich das Problem von selbst gelöst. Wie war ich froh, dass ich abgewartet hatte.

Zwei Häuser linker Hand neben dem unseren befand sich ein Haushaltswarengeschäft, in dessen kleinem Schaufenster immer eine Ecke für Spielsachen reserviert war. Der Laden war von oben bis unten und von vorne bis hinten mit allem erdenklichen Hausrat vollgestopft. Es gab Töpfe, Pfannen und Einkochapparate, Kaffee- und Tee-Service, Vasen in allen Größen und jedes Küchengerät vom Schneebesen bis zum Kartoffelschäler. Eigentlich gab es alles dort. Selbst auf der Theke war kaum ein freies Plätzchen. Die kleine Frau Hagen verschwand schier hinter all den Gegenständen. Ich glaube, dass sie in all die wundersamen Dinge regelrecht verliebt war.

Wir Kinder besuchten den Laden nur, wenn uns die Murmeln, die wir Schusser nannten, ausgegangen waren. 1 Schusser, 1 Pfennig. Die Farbe der kleinen Tonkugeln blätterte schnell ab, was das Auseinanderhalten, wem welche Schusser gehörten, schwierig machte und zu Streitereien führte. Also war es notwendig, von Zeit zu Zeit neue zu beschaffen. Die Schusser aus buntem Glas waren für uns unerschwinglich. Die nette Frau Hagen hat uns manchmal aber einfach einen bunten Schusser dazugeschenkt. Das war für uns der wertvollste. Der Sieger einer Spielrunde durfte ihn für die nächste verwenden.

All die anderen Geschäfte waren nicht so interessant für uns Kinder und die Inhaber auch nicht. Es gab arme bis sehr arme Familien mit vielen Kindern in unserer Straße, reiche und reichere, die mit den Ärmeren nicht redeten, und eine sehr reiche Familie. Wenn Herr Enthammer mit seinem hellblauen Sport-Mercedes mit roten Sitzen vorfuhr, rannten wir Kinder los, um das Auto aus der Nähe zu bestaunen. Auf seinen Feldern, die gleich an unseren Garten anschlossen, entdeckten wir eines Sommertags den ersten Mähdrescher. Er war knallrot. Das war eine Sensation, das war wie ein Wunder.

Zu dieser Zeit fuhren nur wenige Autos auf den Straßen. Vielmehr prägten noch viele Fuhrwerke das Straßenbild. Ein Bauer, der mit seinem Ochsengespann regelmäßig durch die Griesstraße fuhr, ist mir noch sehr gut in Erinnerung. Wie der mit seinem Ochsen umging, das war nicht schön anzuschauen. Ob der Ochse seinen Herrn nicht mochte, ihn vielleicht fürchtete, oder ob er nur aus Altersschwäche die Tortur nicht mehr ertrug und deshalb ständig stehenblieb und seinen schweren Kopf hin und her schwenkte, das war nicht rauszukriegen. Klar war, dass er seinem Herrn etwas entgegensetzen wollte, indem er einfach keinen Schritt mehr tat. Erst wenn sein Halter ihm mit seinen Gummistiefeln in den Bauch trat und mit der Gerte eins überzog, bewegte das Tier den Leiterwagen oder das Odelfassel wieder ein paar Meter weiter. »Ochsenschinder«, so wurde er von uns genannt.

Der Kesselflicker Schlüsselhuber, ein ganz schmächtiges Männlein mit einem genauso schmächtigen alten Gaul, sammelte unter Gebimmel einmal in der Woche alte, undichte Töpfe, Wärmflaschen und Kannen ein, um sie zu Hause in seiner Werkstatt zu flicken, genauer gesagt, um sie zu löten. Mit gleicher Fuhre brachte er den geflickten Hausrat zurück. Er war Vater von vielen Kindern und sehr arm. Es kam vor, dass ich, wenn er mal wieder zu lange mit der Reparatur in Verzug war, zu ihm geschickt wurde, um nachzufragen, ob er denn unseren Topf schon gelötet hätte. Wir konnten nicht so lange warten, weil es bei uns Töpfe und Pfannen nicht im Überfluss gab. Beim Kesselflicker war die Bude voll mit altem gelötetem und noch nicht repariertem Hausrat. Hatte er seine Arbeit schlecht gemacht, passierte es, dass bei nächster Gelegenheit der Lötpfropfen wieder herausflog. Wenn in den Wintermonaten die Zinkwärmflaschen kaum gelötet schon wieder undicht waren, mussten im Backrohr erhitzte und in Zeitungspapier eingewickelte Ziegelsteine die Betten wärmen.

Holzaktion

Zu Beginn des Sommers bestellte Mutter das Holz für den Winter. Es wurde geliefert, wenn Vaters Jahresurlaub begann. Wegen seiner Kriegsverletzung waren das ganze vier Wochen. Ein großer Lastwagen kam und der Fahrer schmiss einige Ster Holz in den Hof.

Auch Tonis Vater, der mit seinen Söhnen Helmut, Alfons und Hans schon in den Wochen davor Wurzelstöcke aus dem Wald ausgegraben und leiterwagenweise nach Hause gebracht hatte, musste seinen Urlaub für die Holzarbeit drangeben. Buchenholzstangen, billigeres Fichtenholz und die Wurzelstöcke türmten sich hoch auf. Die Sägen hatte er schon geschärft und die Äxte ins Hofbrunnenwasser gelegt. So konnte sich der Stiel vollsaugen und würde sich beim Holzspalten nicht lockern. Ebenso hatte er Sägebock und Hackstock aus dem Schuppen geholt und auf ihre Standfestigkeit geprüft. Jetzt konnte die Arbeit beginnen. Ich musste helfen, die Buchenholzstämme auf den Bock zu wuchten, und Vater zersägte einen nach dem anderen in ofentaugliche Stücke. Bei besonders dicken Stämmen musste die über einen Meter lange Wiegesäge eingesetzt werden, wofür man zwei Leute brauchte. Ich hatte anfangs große Schwierigkeiten mit der Wiegesäge. Vater erklärte mir, dass ich die Säge nicht schieben darf, sondern sie zu mir herziehen muss, damit sich die Sägezähne nicht verkanten. Als ich den Dreh raushatte, merkte ich, dass es so viel einfacher war und ich nur die halbe Kraft brauchte. Kam Mutter mit der Brotzeit, wurde eine Pause eingelegt. Gleich danach ging es wieder weiter.

Mit den Jahren wurde Vater das Sägen zu beschwerlich. Von da an wurde Josef Feldmann, der »Sägschmied-Sepp«, bestellt. Auch Tonis Vater wollte die widerborstigen Wurzelstöcke nicht mehr länger selber sägen. Von Weitem hörte man den Sägschmied-Sepp schon kommen. Die Männer öffneten das schwere Hoftor und der Sägschmied knatterte, auf einem mächtig heruntergekommenen Ledersessel sitzend, das Lenkrad mit seinen starken Händen umfassend, in den Hof. Rechts vom Lenkrad die Gangschaltung, daneben der ungeschützte Motorblock, dahinter eine riesige Ladefläche und daran anschließend die fest verankerte Kreissäge. Ein Vehikel erster Güte sozusagen. Als Erstes machte er den Motor aus, der hustend und stotternd seinen vorläufig letzten Schnaufer von sich gab. Nach einem knappen »Habe d'Ehre« wurde bei einer Zigarette die Lage besprochen und was zu tun war. Dann ließ der Sepp den Motor wieder an, fuhr an das zu schneidende Holz so nah wie möglich heran und machte den Motor aus. Zusammen mit meinem und Tonis Vater legte er den mächtigen Antriebsriemen zwischen Motor und Sägeblatt an. Der Sägschmied warf erneut den Motor an und ab jetzt hatte ganz allein er das Sagen. Niemand, auch die Männer nicht, durften ihm in die Quere kommen.

Er ließ sich nun die schweren Holzstämme einen nach dem anderen reichen. In dem Moment, wenn der Sepp das Holz in das Sägeblatt schob, war kein einziges Wort mehr zu verstehen. Das Aufheulen der Säge hinterließ ein Surren in den Ohren, als stünde man in einem rauschenden Nebel. Eine Schutzvorrichtung, geschweige denn eine Schutzbrille, wie man sie heute tragen muss, gab es nicht. Es kam nur auf Geschicklichkeit und Konzentration an.

Eine Zigarettenpause zwischendurch, einen Schluck Wasser gegen den Durst und weiter ging's, bis alles Holz und alle Wurzeln zersägt waren. Danach wurde ausgiebig Brotzeit gemacht und ein kühles Bier getrunken. Mutter, unser Finanzminister, hatte schon im Vorfeld mit dem Sepp geklärt, wie viel er für seine Arbeit bekommen sollte. Jetzt kam sie und zahlte ihn bar aus. Dann schwang er sich auf seinen verhauten Ledersitz, startete den Motor, legte den Gang ein und knatterte vom Hof.

In den darauffolgenden Tagen und Wochen wurde das Holz mit der Axt gespaltet und anschließend im Schuppen in Reihen aufgerichtet Das Aufrichten war meine Aufgabe. Toni half mir dabei. Er hatte von seinem Vater gelernt, wie man es richtig macht, damit der Holzstoß, je höher er wird, nicht zusammenbricht. Sein Vater war ein Spezialist darin. Seine aus Wurzelholz geschichteten, nach oben konisch zulaufenden Holzstöße waren einsturzsicher. Sie dienten uns Kindern den ganzen Sommer über als Backofen für unsere aus Erde geformten Brotlaibe und Semmeln.

Toni war ein wahrer Freund, allermeistens gut aufgelegt, selten missgelaunt. Das heißt aber nicht, dass er nicht auch in Wut geraten und sich lautstark beschweren konnte, vor allem, wenn er sich ungerecht behandelt fühlte.

Warum gerade wir zwei, Toni und ich, so fleißig mithalfen, lag wohl daran, dass wir alles gemeinsam machen wollten. Seine Schwestern wollte er nicht dabei haben und ich glaube auch, dass sie es nicht wollten. Wir wurden dazu erzogen, die Arbeit zu sehen und einfach ohne großes Gerede mit anzupacken. Ohne Toni hätte ich vieles nicht geschafft. Ich denke, wir haben uns gegenseitig angespornt, wollten durch Lob und Fleiß eine gute Brotzeit bekommen und etwas mehr Liebe und Aufmerksamkeit bei unseren Eltern erreichen. Davon gab es nicht gerade allzu viel.

Terry, der andere Hund und der Polizist

Von der Frau, die mit ihrem Sohn eine winzige Wohnung in unserem Haus bewohnte, war schon die Rede. Die Frau war nie zu sehen und bei uns Kindern hielt sich das Gerücht, dass sie vielleicht verfault, also längst gestorben sei. Ihr Sohn war auch ziemlich merkwürdig. Meist sah man ihn geduckt und mit hochgezogenen Schultern, seinen Schäferhund fast im Würgegriff an der Kette haltend, aus dem Haus schleichen. Er schien ohne Hals geboren zu sein. Klein von Wuchs und immer mit einem grimmigen Blick, ließ er in unseren Kinderköpfen seltsame Fantasien entstehen.

Toni gab ihm den Spitznamen »Pigmanä«, was so viel wie kleiner Mann bedeuten sollte. Die Erwachsenen wollten nicht, dass wir so redeten und üble Scherze mit ihm machten.

Zu meinen Aufgaben gehörte es, Vaters Liebling Terry jeden Morgen in den Hof zu bringen und ihn vor seiner Hundehütte an die Kette zu legen. Ich musste ihn mit frischem Wasser versorgen und die vom Essen übrig gebliebenen, meist sowieso schon sehr abgenagten Knochen in seine abgesprungene Emailschüssel legen.

Vater hatte mir eingebläut, unbedingt aufzupassen, dass Terry und der Schäferhund sich nicht begegneten, weil sie sonst sofort aufeinander losgehen würden.

Einmal, ich war gerade dabei, Terry nach unten zu bringen, sah ich zu spät den Halslosen mit seinem Schäferhund aus der Wohnungstür kommen. Terry raste die Treppe runter und stürzte sich wie eine wild gewordene Bestie auf den Rivalen. Ich schrie: »Terry, komm sofort her!« Das half aber nichts, denn beide Hunde hatten sich längst ineinander verbissen. Tonis Mutter, die das Wüten gehört hatte, wusste, was zu tun war. Sie ließ eiskaltes Wasser vom Ausguss im Hausgang in einen Eimer laufen und schüttete es unter heftigen Flüchen auf die Viecher. Das war die einzige Möglichkeit, die Hunde zu trennen.

Am Abend, bevor sein Herrchen von der Arbeit in München wieder zu Hause war, durfte ich Terry von der Kette befreien. In Windeseile rannte er dann hinauf zur Wohnung und wartete vor den von mir bereitgestellten Hausschuhen sitzend, brav wie ein Lamm, auf die Ankunft seines Herrchens. Die Begrüßung war jedes Mal ein einziger Freudentanz, so als hätten beide sich hundert Jahre nicht gesehen.

Auf Spaziergänge war Terry lange Zeit nicht ohne Beißkorb mitzunehmen, weil er nicht aufs Wort folgte. Auch zog er immer wie wild an der Leine, um dorthin zu kommen, wo nur er hinwollte. Irgendwann traute ich mir aber zu, Terry ohne Beißkorb nur mit Leine Gassi zu führen. Und gleich beim ersten Mal zeigte sich, dass das noch nicht funktionierte. Ein in der Nähe wohnender junger Mann, den ich vom Sehen kannte, war auf dem Nachhauseweg. Er überholte uns mit eiligen Schritten und zischte Terry dabei an, worauf dieser kurzerhand einen Fetzen aus dessen Manchesterhose riss.

Der Mann drohte mir, es meinen Eltern zu erzählen, und nicht nur das. Er wollte auch eine neue Hose haben. Die Angst vor Bestrafung hatte mich fest im Griff, ich weinte den ganzen Nachhauseweg und die Treppe hinauf bis in die Küche. Dort saß zu meiner größten Verwunderung der Ortspolizist am Tisch und zwar ganz allein. Er wusste schon alles und tröstete mich. Ich konnte mir nicht erklären – und kann es bis heute nicht –, wie er in die Küche gekommen war und wie er von dem, was passiert war, erfahren hatte. Ich hatte damit gerechnet, dass Mutter mich mit einer richtigen Quadratwatschn empfangen würde. Wo war die eigentlich?

Der Polizist war mir nicht fremd, aber auch nicht besonders vertraut. Mutter hielt immer ein kleines Schwätzchen mit ihm, wenn sie ihn traf. Er wohnte mit seiner Frau in der Griesstraße. Vielleicht war er Zeuge des Geschehens gewesen.

Ich vermute, dass der Polizist meine familiäre Situation kannte und deshalb ein bisschen auf mich aufpasste. Ob meine Pflegeeltern dem jungen Mann tatsächlich eine neue Hose kaufen mussten, das weiß ich nicht mehr.

Fahrraddiebin

Ich träumte von einem eigenen Fahrrad, doch die wirtschaftlichen Verhältnisse ließen es gar nicht zu, auch nur daran zu denken. Eines Sommersonntagnachmittags musste ich Terry Gassi führen. Vater nahm Terry zwar mit, wenn er in den Garten ging, aber mit Terry Gassi zu gehen, das war für ihn unvorstellbar, und Mutter, die den Hund sowieso nicht mochte, wollte dieses kleine Ungeheuer nicht auch noch spazieren führen müssen. Also war ich wieder an der Reihe. Ich legte ihm die Leine um den Hals und den Beißkorb an und ging los in Richtung Fußballplatz, der mich mit seinen wellenartigen Zuschauerrufen magisch anzog.

Auf dem Vorplatz waren jede Menge Fahrräder abgestellt. »Ich könnte mir doch eines davon für kurze Zeit ausleihen, ein paar Runden drehen und es gleich wieder an denselben Platz zurückbringen, das würde doch niemandem auffallen«, so dachte ich. Ein Kinderfahrrad, schmutzig grün und auch nicht mehr so ganz neu, verführte mich geradezu. Gleich am Rand stehend und nicht abgesperrt, schien es auf mich gewartet zu haben. Ich stieg auf, hatte erst ein paar Probleme mit Leine und Hund, doch geschickt wie ich war, radelte ich schon bald über schmale Wege, vorbei an Wiesen und Äckern, Terry an der Leine neben mir herlaufend. Die stimmgewaltigen Rufe der Zuschauer ließ ich hinter mir. Vor lauter Vergnügen vergaß ich die Zeit. Erst als ich begriff, dass das Fußballspiel vorbei sein musste, weil keine Stimmen mehr zu hören waren, durchfuhr mich die Furcht, etwas falsch gemacht zu haben. Flugs drehte ich um und radelte zurück zum Fußballplatz. Kein einziges Fahrrad stand mehr da.

»Ein Fahrrad allein? Das fällt doch auf.« Also zog ich mit dem Hund und dem Fahrrad wieder los. Malte mir aus, wie ich unbemerkt aus der Klemme kommen könnte. Das Fahrrad bei nächster Gelegenheit einfach ins hohe Gras zu schmeißen und schleunigst nach zu Hause gehen, so zu tun, als wäre nichts geschehen, das war mein Plan. Doch dazu war es bereits zu spät. Ein Mann mit zwei Kindern kam mir entgegen. Er rief schon von Weitem: »Da ist ja unser Fahrrad.« In meiner Verzweiflung brachte ich es fertig, zu behaupten, dass das mein Fahrrad sei. »Nein, das ist unser Fahrrad«, entgegnete der Mann. Ich Sturkopf blieb bei meiner Version, indem ich ihnen großzügig »mein« Fahrrad schenkte und sagte, ich hätte ja noch so ein ähnliches zu Hause.

Ich fühlte mich gerettet, ging aber dennoch mit einem mulmigen Gefühl heim. Dort angekommen, empfing mich Großvater mit der Geste »Mitkommen«. In seinem Zimmer begann er, mir die Leviten zu lesen, und versetzte mir eine schmerzhafte Kopfnuss. Schuldbewusst akzeptierte ich diese Strafe. Dabei hatte Großvater mir bisher nie körperlich wehgetan. Ich hatte gedacht, die Geschichte vor meinen Pflegeeltern und vor Großvater verbergen zu können. Jetzt wurde mir klar, dass sie bereits im Bilde waren. Verstockt begann ich alles zu leugnen, so sehr schämte ich mich. Und dann kam auch noch Mutter und sagte: »Schama muas ma si mit dir.« »Jetzt ist es so weit, jetzt jagen sie mich aus dem Haus«, dachte ich, »jetzt komme ich in das Haus für schwer erziehbare Kinder.« Weggeschickt wurde ich nicht, doch der »Sofort ab ins Bett«-Strafe entkam ich nicht. Nicht so schlimm.

Meine Pflegeeltern und auch mein Großvater hatten große Macht über mich, weil sie immer wieder neu über mein Bleiben in der Familie entscheiden konnten. Es war üblich und gehörte nicht nur zu meiner Erziehung, vermeintliches Fehlverhalten mit Strafen zu ahnden. Und ich war noch dazu ja nur ein Pflegekind.

Feiertage

Die christlichen Feiertage lagen Mutter sehr am Herzen. Es war ihr wichtig, sie würdevoll und feierlich zu begehen. Vater schloss sich ohne Widerstand den notwendigen Vorbereitungen an, verweigerte aber jeden Kirchgang, es sei denn, er wurde bei einer Beerdigung unumgänglich. Allerheiligen löste jedes Jahr vor dem Friedhofsbesuch Debatten aus, bevor Vater sich unterwarf und einen Anzug anzog und vor allem auch eine Krawatte umband. Ansonsten hielt er sämtliche Feiertagspflichten von sich fern, respektierte allerdings die Gläubigkeit seiner Frau.

Aus mir war längst ein gottesfürchtiges Mädchen geworden. Ich kannte den Rosenkranz mit seinen Litaneien und die heilige Messe, die damals noch in lateinischer Sprache gehalten wurde. Ich murmelte so gut ich konnte alles inbrünstig in meinem Kinderlatein mit: »Dominus wobiskum (...) gloria in excelsis deu (...) agnus dei, pikollis peccata mundi.«

Jedes Mal vor einem Feiertag brach eine regelrechte Putzorgie bei uns aus. Fenster wurden geputzt, die brüchigen Scheibengardinen mussten vorsichtig abgenommen und in Seifenlauge ausgedrückt werden. Sämtliche Geweihe, Krüge, Zierteller und Nippesfiguren verschwanden nach und nach im Wasser, das ständig wegen Schwarzfärbung erneuert werden musste. Vater war für die Lieferung von heißem Wasser und für den großen alten Wohnzimmerteppich zuständig. Der Teppich musste unten auf der Wiese ausgeklopft werden, denn einen Staubsauger gab es nicht in unserem Haushalt.

War alles sauber, entstaubt und geputzt und der Teppich wieder aufgelegt, gab es Kaffee und Kuchen. Der Kuchen ähnelte einem Brikett, wenn Vater, unser Heizer, die Ofentemperatur wieder einmal nicht ganz so glücklich hinbekommen hatte.

Dann wurde halt das schwarz Verbrannte mit einem Schmunzeln abgekratzt.

Ostern

Zu Ostern hofften wir Kinder auf sommerliches Wetter, um endlich wieder barfuß laufen und draußen im Hof an den moosbewachsenen Gartenzaunsäumen Ostereier und Süßigkeiten suchen zu können.

Nach Gottesdienst und Mittagessen trafen wir uns zum »Oascheim«, zu Deutsch Eierschieben. Aus zwei schräg aufgestellten Besenstielen wurde eine Rinne gebaut, es wurden Pfennige verteilt und los ging das Spiel. Der Erste legt sein schönstes Osterei ganz oben auf die Rinne und lässt es in die Wiese rollen, legt einen Pfennig auf das Ei und der Nächste ist dran. Wenn alle durch sind und der Erste sein Osterei erneut in die Rinne legt und sein Ei beim Hinunterrollen den Pfennig eines Mitspielers vom Ei fegt, darf er diesen Pfennig behalten. Das geht so lange, solange all die Eier die Karambolagen einigermaßen überstehen. Ist ein Ei durch viele Stöße und Rempler bis hinein ins Eigelb ruiniert, wird es genüsslich verspeist. Die den anderen abgejagten Pfennige musste man nicht wieder hergeben.

Fronleichnam

An diesem Tag wurden in aller Herrgottsfrühe die weiß-blaue Fahne und die Fronleichnamstücher aus dem Schrank geholt und noch einmal gebügelt. Bevor die Fahne aus dem Speicherfenster in die Tiefe hinabgelassen werden konnte, befestigten Großvater und ich sie an der langen Fahnenstange. Die wiederum war mit vielen Stricken an einer hölzernen Vorrichtung fixiert.

Die tags zuvor gelieferten jungen Birken wurden von Vater und Onkel Schorsch von gegenüber, der gekommen war, um mitzuhelfen, auf die richtige Größe zugeschnitten und an unserer Hauswand aufgestellt und festgebunden. Anschließend wurde der Hausaltar aus Onkel Schorschs Haus gebracht. Er und Vater bauten ihn an unserer Hauswand zusammen. Die Fronleichnamstücher brachten Mutter und ich mit Nägelchen unter den Fenstern an. Irgendwann tauchte Tante Toni auf mit einem Arm voll schöner Hortensien und geweihten bestickten Tüchern und begann, den Altar für die Feierlichkeiten zu schmücken. Alles verlief wortlos, was dem Ganzen etwas Ehrwürdiges und Feierliches verlieh. Ich habe das ganze Geschehen mit großer Ehrfurcht vom Wohnzimmerfenster aus beobachtet.

Gegen 8 Uhr war alles für den Tag vorbereitet. Nun war es Zeit, mich selbst fertigzumachen für die Fronleichnamsprozession. Mutter hatte Kleid, Strümpfe und Schuhe bereitgelegt und meine Zöpfe bekamen eine besondere Schleife. So verließ ich fein angezogen und mit kindlichem Selbstbewusstsein das Haus, um mich mit meinen Klassenkameradinnen vor dem alten Schulhaus ganz in der Nähe der Stadtpfarrkirche zu treffen. Sämtliche Schulklassen mit ihren Lehrern und sämtliche Vereine aus der Gemeinde waren versammelt und stellten sich für die Prozession auf.

Da waren die prächtig ausstaffierten Fahnenträger der Krieger- und Veteranenvereine, die Feuerwehrleute mit Hauptmann und Adjutanten und die Stadtkapelle in bayerischer Tracht. Besonders gefiel mir die kräftige Frau, die von zwei weiteren Frauen flankiert die schwere Fahne des Müttervereins mit dem gestickten Bildnis der Muttergottes und dem Jesuskind trug. Zusammen mit dem Kirchenchor, den Kommunionkindern mit ihren Blumenkörbchen und den vielen festlich gekleideten Bürgern warteten wir auf die Ankunft des Stadtpfarrers. Unter dem Geläut der Kirchenglocken erschien dieser in einem golddurchwirkten Umhang, die Monstranz vor sich hertragend, unter einem von vier Männern getragenen Baldachin, gefolgt von vielen jungen und älteren Ministranten mit Weihrauchkesseln und Myrrheschalen. So konnte die Prozession beginnen. Schritt für Schritt bewegte sie sich zum ersten Altar. Das war der unsrige in der Griesstraße. Dort kam die Prozession zum Stehen. Die Fahnenträger hoben ihre schweren Fahnen aus der Halterung und stellten sie auf die Straße, während der Stadtpfarrer die wenigen Stufen zum

Altar hochging, die Monstranz auf den Altar stellte und sich umdrehte, um die von den Ministranten bereitgehaltenen offenen Weihrauchkessel zu entfachen. Unter gesungenen Gebeten beweihräucherte der Herr Pfarrer den Altar in alle Richtungen, worauf der Kirchenchor mehrstimmig antwortete. Nach kurzer Andacht nahm er die Monstranz wieder an sich und ging zurück unter den Baldachin. Die Fahnenträger hoben ihre schweren Fahnen wieder in die Halterung und die Kommunionkinder streuten weiter ihre Blütenblätter aus. So ging es von Altar zu Altar. Es waren viele und es dauerte Stunden, bis alle in feierlicher Würde abgeschritten waren. Im Anschluss versammelten sich die Prozessionsteilnehmer in der Stadtkirche zu einem gemeinsamen »Großer Gott, wir loben dich; Herr, wir preisen deine Stärke. Vor dir neigt die Erde sich und bewundert deine Werke.«

Pfingsten

Von Pfingsten weiß ich nur noch, dass ich der Pfingstochse war. Wie an jedem Sonntag und wie an jedem Feiertag ging Mutter auch zu Pfingsten in die Frühmesse und weckte danach Vater. Spätestens um viertel vor sieben saß auch ich am Frühstückstisch.

In Bayern war es Tradition und ist es vielleicht bis heute, denjenigen, der als Letzter aufstand, als »Pfingstochsen« zu bezeichnen. »So, bist du auch schon aufgestanden«, rief mir mein Vater spöttisch entgegen.

Weihnachten

Das wichtigste und schönste Fest des Jahres war Weihnachten. Weihnachten aber ohne an die vorausgegangenen Nikolaustage zu denken, ist nicht möglich. Nikoläuse hatten auch erzieherische Dienste zu leisten und nicht nur den Kindern Orangen und Nüsse zu bringen. So kam es, dass auch für uns Kinder im Haus ein heiliger Nikolaus und ein fürchterlicher Krampus bestellt wurden. Der Krampus, der selbst schon wie ein lebendiger Sack aussah, mit einer Kette um die Hüfte, einen Sack in der linken und eine Rute für ungezogene Kinder in der rechten Hand haltend, jagte uns lähmende Angst ein. Den Toni wollte einer mal in seinen Sack stecken, doch der hat sich so gewehrt und so geschrien, dass wir alle bis hinauf zur Speichertüre rannten und dort so lange ausharrten, bis klar war, dass der Nikolaus mitsamt seinem Krampus das Haus verlassen hatte. Scheiß auf die Orangen und die Nüsse.

Von heute aus betrachtet war das eine richtige Sauerei. Die Erwachsenen erhofften sich dadurch mehr Folgsamkeit, auch Gehorsam genannt.

An den Tagen vor Heiligabend war die Stimmung warmherzig und freundlich. Es wurden außergewöhnliche Einkäufe gemacht, also Orangen, Mandarinen, Nüsse und Schokolade gekauft, was es sonst nur selten gab. Die duftenden, selbst gebackenen Zimtsterne und die Nussmakronen, die ich am allerliebsten mochte, wurden auf Papptellern auf die Anrichte gestellt. Sie durften nicht vor dem heiligen Abend angerührt werden. Der schwere Eichentisch im Wohnzimmer wurde für die bevorstehenden Feiertage ausgezogen und weihnachtlich dekoriert. Ich bastelte für jedes Gedeck einen kleinen Kerzenhalter aus goldfarbener Pappe.

Vater schmückte den Christbaum mit den sorgfältig aufgehobenen Christbaumkugeln, glänzenden Vogelfiguren und viel Lametta. Den Baum durften wir, Manfred und ich, erst zur Bescherung sehen. Erst wenn die Kerzen brannten und das Glöcklein erklang, begann der ersehnte Heiligabend. Manfred bekam, als er um die zwölf gewesen sein dürfte, eine Dampfmaschine, die er am liebsten sofort in Gang gesetzt hätte. Bis nach dem Essen musste er aber warten. Großvater war ebenso begeistert und half Manfred, die Dampfmaschine in Betrieb zu nehmen. Mir hat das Christkind einmal ein himmelblaues Dreirad mit schwarzen Griffen gebracht und dazu einen Kaufladen mit allerlei kleinen Schächtelchen, in denen Puffreis raschelte.

In den 1950er-Jahren, als die Zeiten wirtschaftlich besser wurden, bekam Manfred seine ersten Eishockeystiefel und einen Eishockeyschläger und einen Puck dazu. Er war völlig außer Rand und Band deswegen.

Am Heiligabend gab es ein »Armerleid«-Essen, ein einfaches Abendessen. Weißwürste für die Männer und Wiener für Mutter und mich. Es musste ja immer der Unterschied auf den Tellern zu sehen sein. Das gehörte sich so. Zum Glück liebte ich Wiener über alles, die kamen ja auch nicht alle Tage auf den Tisch.

Am ersten Weihnachtsfeiertag gab es eine Gans. Weil Mutter das Kochen hasste, wenig Geduld dafür aufbrachte und es demzufolge öfters auch nicht schmeckte, war Vater es, der die Weihnachtsgans zubereitete. Er hatte die Ruhe und das Feingefühl dafür.

Dafür machte Mutter am Heiligabend für uns und das ehemalige Weilnböcksche Dienstmädchen Liesl einen hervorragenden Punsch, der zu später Stunde aus einem japanischen Teeservice getrunken wurde. Das Service, schon lange in Familienbesitz, wurde nur an Weihnachten aus der Anrichte geholt und sehr vorsichtig behandelt. Ich durfte bei der Zubereitung des Punsches mithelfen, die Zuckerstückchen an den Orangenschalen abreiben und danach die Orangen auspressen. Ich soll damals, als man mich fragte, was ich einmal werden wolle, gesagt haben: »Eine Köcherin.« Zwar bin ich keine Köcherin geworden, koche aber bis heute gerne.

Als ich zehn war, strickte ich für Großvater und Vater graue Socken, die ich mit einer kleinen roten Schleife versah und unter dem Christbaum legte. Dafür wurde ich sehr gelobt.

Tonis große Schwester Irmi durfte an Heiligabend in der Kirche singen. Sie nahm uns Kinder mit in die Christmette, so weit wir noch nicht zu müde dazu waren. Das gemeinsam gesungene »Stille Nacht, heilige Nacht« vollendete den Heiligabend. Wir waren froh und schworen, gute Menschen zu sein.

Waschtage

Es gab im ganzen Haus keine Waschmaschine. Anfangs befand sich die Waschküche im Parterre. Wer waschen wollte, musste sich in ein Buch eintragen. Vor jedem Waschtag hörten wir die Wettervorhersage im Radio, es sollte ja am besten die Sonne scheinen. Oft genug machte aber das Wetter uns einen Strich durch die Rechnung. Des Weiteren musste erst der Karton aus Ulm mit Manfreds dreckiger Wäsche abgewartet werden, die er uns alle vier Wochen per Paket schickte. Jedes Mal schlug einem beim Öffnen des Kartons ein übler Geruch entgegen. Alles lag kreuz und quer darin. Karierte Konditorhosen und -jacken, Schürzen, Unterwäsche, Hemden, Socken wie gerade vom Fuß gezogen und vor allem die von getrocknetem Rotz und Sperma verkrusteten Taschentücher. Zu all dem kamen unsere eigenen Wäscheberge. Am Vorabend des Waschtags sortierten Mutter und ich die Wäsche in Weiß und Bunt und weichten sie in allen zur Verfügung stehenden Wannen und Schüsseln ein. Da gab es die konisch zulaufende Zinkwanne, die auch für das wöchentliche Bad verwendet wurde, dann eine Sitzbadewanne, die, wie Mutter mir erklärte, nur von Frauen, wenn sie ihre Tage hatten, benutzt werden durfte – und ausnahmsweise auch an Waschtagen.

Am Waschtag selbst zogen Mutter und ich fast bis zum Boden reichende Plastikschürzen und Gummistiefel an. Wir sahen aus, als hätten wir vor, ein Schwein zu schlachten. Vater fungierte als Heizer, er musste das Wasser im Kessel zum Kochen bringen. Wir, Mutter und ich, begannen nun, jedes einzelne Wäschestück, angefangen bei der Weißwäsche, aus der Einweichlauge zu nehmen, auf die Waschbank zu legen und es mit Kernseife und Bürste zu bearbeiten. Am meisten hat es mir vor den großen Herrentaschentüchern gegraust, deren getrockneter Rotz sich durch das Einweichen in schleimige Batzen verwandelte, die nun mit der Bürste weggeschrubbt werden mussten. Kochte das Wasser im Kessel, wurde nach und nach die Wäsche für kurze Zeit hineingelegt, danach mit einem Stock wieder herausgefischt und in kaltem Wasser gespült. Wenn Vater den Deckel vom Kessel hob, standen wir im heißen Wasserdampf. Dann wurde die Waschküchentür aufgerissen. So arbeiteten wir Hand in Hand, bis das letzte Hemd, die letzte Unterhose, das letzte Taschentuch gewaschen war. Am Ende dieser schweren Arbeit stand, die Socken aus ihrer braunen Brühe zu holen und links und rechts gewendet auf dem Waschtisch zu bürsten. Eine seltsam aussehende zylindrische Vorrichtung, die durch Wasserdruck die Nässe aus der Wäsche herauspresste, war das einzige »moderne« Gerät, das wir zur Verfügung hatten und das uns ersparte, die Wäschestücke mühsam auszuwringen. Die Konditorjacken und die Schürzen mussten, so schrieb es das Berufsethos vor, blütenweiß und gestärkt sein. Dazu legten wir sie vor dem Bleichen in ein glitschiges Bad mit »Hoffmann's Stärke«.

Bei schönem Wetter spannte Vater die Wäscheleine im Garten, war es dagegen regnerisch, mussten wir die schwere Wäsche bis hinauf in den Speicher schleppen, in den nur spärliches Tageslicht drang. Auch luden die wackligen Bodenbretter nicht gerade dazu ein, sich sicher zu fühlen.

War die Wäsche trocken, ging es auch gleich ans Bügeln und Zusammenlegen und ans Ausbessern. Fehlende Knöpfe, ausgeleiertes Hosengummi, löcherne Socken, abgerissene Schürzenbänder, alle Schäden wurden von Mutter und mir beseitigt, während im Radio das sonntägliche Wunschkonzert lief. Mutter liebte diese Sendung, liebte all die Lieder mit Anneliese Rothenberger, Rudolf Schock, Fritz Wunderlich, und vor allem liebte sie die melancholischen Lieder eines Joseph Schmidt und eines Richard Tauber. Spätestens wenn Joseph Schmidt das Lied »Es steht ein Soldat am Wolga-Strand, hält Wache für sein Vaterland« sang, versank Mutter in Sentimentalität. Vielleicht hat sie dabei an ihren ersten Mann gedacht.

Ich erinnere mich an Mutters rote, vom Wasser aufgeweichten Hände. Anfangs haben wir zu all unseren eigenen Wäschebergen auch noch die Tischdecken des Cafés von Onkel Benno und Tante Toni mitgewaschen. Auf die vielen Zigarettenlöcher hatten sie sicher Blumenvasen gestellt. Die riesigen leinernen Bettlaken und die Bezüge für die Plumeaus, alle x-mal ausgebessert, waren sehr schwer, wenn sie nass waren.

Die französischen Ausdrücke Plumeau, Trottoir, Plafond oder Paraplui waren uns geläufig, jeder wusste, was damit gemeint war. Großvater hatte sie gerne benutzt und sie mir früh beigebracht. Auf diesen Rest von bürgerlichem Flair wurde Wert gelegt.

Eine verzinkte und konisch zulaufende Badewanne ist mir viele Jahre später in einem völlig anderen Zusammenhang noch einmal begegnet. Hatte doch tatsächlich ein Künstler namens Joseph Beuys es gewagt, in seiner Ausstellung »Zeig mir deine Wunde« im Münchner Lenbachhaus eine solche als Kunstobjekt zu präsentieren. Eine an der Wand aufgehängte Badewanne, die mich unmittelbar an die verhassten Waschtage erinnerte, war nun als Kunst zu bestaunen. Wollte mich hier jemand verhöhnen? Wollte hier jemand Schindluder mit mir treiben? Mir entlockte diese alberne Badewanne, die da an der Wand hing und von den Besuchern voller Ehrfurcht betrachtet wurde, nichts als schallendes Gelächter. Gleichzeitig empfand ich eine große Freude, von der Scheißwascharbeit auf immer befreit zu sein.

Großvaters Tod

ICH WAR ELF JAHRE ALT, als Großvater unerwartet starb. Er kehrte eines Sonntagnachts von einem Besuch in München zurück, fühlte sich tags darauf krank, legte sich ins Bett und stand nicht mehr auf. Mutter schaute nach ihm, half ihm bei der Morgentoilette, brachte ihm Tee und Medizin und war sich sicher, dass es sich um eine Erkältung handelte, die bald wieder vorbei sein würde. Ich wollte Großvater so gerne in seinem Zimmer besuchen und ihn ein wenig aufmuntern, doch das wollte Großvater nicht, wie mir Mutter sagte. Ob es an seiner Eitelkeit lag, er zeigte sich zum Beispiel nie unrasiert, oder ob er einfach zu schwach war, um mit mir zu sprechen, das weiß ich nicht. Ich hoffte, dass er bald wieder gesund sein würde. Als Mutter aber eines Morgens den Pfarrer rief und dieser auch kam, verstand ich, dass es um Großvaters Gesundheit schlecht stand, dass es ernst war. Und als Mutter am nächsten Tag schluchzend ins Wohnzimmer gestürzt kam, wusste ich, dass Großvater gestorben war.

Auch jetzt durfte ich ihn nicht sehen, durfte mich nicht verabschieden. Ich sollte den Großvater so wie ich ihn kannte in meiner Erinnerung behalten, sagte Mutter. Im Vergleich zu Großmutters Tod war es bei Großvater anders. Nicht mehr so aufgeregt und nicht mehr so angstmachend. Kein Teufel, kein Schwefel diesmal, kein Weihwasser, nur das Fenster wurde geöffnet, damit die Seele fortfliegen konnte.

Ich vermisste Großvater sehr. Vorbei war es mit den gemeinsamen Spaziergängen. Vorbei, die von der Sommerhitze getrockneten Kiefernzapfen in seinen Segeltuchrucksack zu füllen, vorbei das Schneiden von Barbarazweigen an wild wachsenden Kirschbäumen am 4. Dezember, um sie bis Weihnachten in warmes Wasser zu stellen. Vorbei das besondere Gefühl, wenn er mich an seine verkrüppelte Hand nahm und ich immer aufs Neue wissen wollte, wie das gekommen war. »Das habe ich dir doch schon so oft erzählt«, sagte er dann, »da hab ich mich bei der Arbeit in der Gerberei verletzt.« Auch war es vorbei, mir mit seiner geduldigen Art das Rechtschreiben beizubringen, mit dem ich mich so schwertat. Und vorbei war es mit den Besuchen bei seinen ehemaligen Geschäftsfreunden, die ihn zum Nachmittagstee einluden und zu denen er mich manchmal mitnahm, nicht ohne mich vorher an die gelernten Benimmregeln zu erinnern. Ich hatte ja immer Hunger und auf dem Tisch standen oft Körbchen mit Zuckerschnecken, Zuckerhörnchen und Kuchen. Vorbei war es mit dem Vorlesen von Märchen und Geschichten, die alle in einem großen, schweren Buch mit marmoriertem Einband gesammelt waren. Vorbei auch die Zeiten, in denen er meine aufgeschürften Knie und Ellbogen verarztete und mich schimpfte, weil ich wieder zu leichtsinnig gewesen war. Wenn ich ihm zuschaute, wie er sorgfältig meine Abschürfungen vom Schmutz reinigte, dann Wundpuder darüberstäubte und danach einen Verband anlegte, bei dem man das Knie oder den Ellbogen abbiegen konnte, einen Winkelverband sozusagen, fragte ich jedes Mal wieder: »Warst Du Sanitäter im Krieg ?« Das beantwortete er mal geduldig, mal ungeduldig mit einem »Nein«. Vom Krieg wusste ich schon ein wenig. Es hing ja auch ein Soldatenbild in seinem Zimmer, auf dem er mit verschränkten Armen inmitten seiner Kameraden zu sehen war. »Wo warst du da im Krieg?«, wollte ich wissen. Er sprach nicht gerne darüber. Ich erinnere mich aber, dass er wiederholt von im Graben liegenden Fuhrwerken erzählte und von »edlen« Pferden, die im Schlamm und Morast elendig zu Grunde gingen. Über verletzte oder zu Tode gekommene Kameraden sprach er nie.

Noch im selben Jahr bekam ich Großvaters Zimmer. Mein erstes Zimmer für mich allein. Ich freute mich riesig. Der Malermeister aus der Nachbarschaft strich die Wände und ich durfte mir ein Walzenmuster aussuchen. Vater befreite die Ofenrohre von Großvaters Kanonenofen vom Ruß und strich sie neu mit

Silberbronze. Ich übernahm Großvaters Schränke, seine Kommode und die porzellanene Waschgarnitur aus Schüssel und Krug, denn fließendes Wasser gab es nur draußen auf dem Hausgang. Auf dem Boden lag ein altes, abgewetztes Pferdefell. Zum ersten Mal hatte ich die Möglichkeit, mit einem kleinen Riegel meine Tür zu verschließen und Eindringlinge fernzuhalten. Was war ich stolz!

Ich weiß nicht mehr, wie ich an Großvaters Papiere gelangte. Mutter hatte wohl all seine Briefe, seine gesamte Korrespondenz, gleich nach seinem Tod in Kisten verpackt und im Speicher deponiert. Wenn Großvater seine Schreibtage hatte, durfte niemand ihn stören, auch ich nicht. Ich musste ihm aber seinen Nachmittagstee bringen, den ich auf dem Spirituskocher in der Küche vorbereitete und auf einem Tablett in sein Zimmer trug. Dabei musste ich sehr aufpassen, dass beim Nachfüllen des Spiritus nichts danebenlief, weil das zu Stichflammen führen konnte.

Großvater hat viel geschrieben, an ehemalige Geschäftsfreunde, an Steuerberater und Finanzämter. Einmal musste ich für ihn bei einbrechender Dunkelheit die alten Holz-Schier anschnallen und einen wichtigen Brief zu seinem Steuerberater bringen, der im Grafinger Ortsteil Schammach direkt an der Bahn wohnte.

Wenn ich heute an Großvater denke, dann sehe ich ihn mit seinem kurzen, gepflegten Schnauzer, seinen sorgfältig geputzten Schuhen und seinem Hut, ohne den er nie das Haus verließ. Er war der Patriarch. Die Unterlagen meines Großvaters habe ich wie einen Schatz gehütet und bis heute aufbewahrt.

Großvaters Papiere und Zeugnisse

Neben dem Lehr- und Prüfungszeugnisbuch, ausgestellt von der Handwerkskammer für Oberbayern, aus dem hervorgeht, dass er mit der Note 1 seine Gesellenprüfung für das »Rotgerber«-Gewerbe abgelegt hatte, gibt es eine Handwerkskarte, Reisepässe von ihm und seiner Frau und seinen Militärpass von 1917.

Der Militärpass umfasst Bestimmungen über die Pflichten des Soldaten, danach folgen die persönlichen Daten. Name, Adresse,

Stand oder Gewerbe, Religion, Familienstand und Datum des Diensteintritts. Dieser erfolgte nach Eintrag am 5. Februar 1917 beim »4. König. bay. Arm. Batl.14«.

Auf den Seiten der Einberufung vom 27. Juni 1917 ist unter anderem Folgendes zu lesen:

16.I.17 mit 10.IV.17 Stellungskämpfe in Lothringen
12.IV.17 mit 2.VI.17 Doppelschlacht Aisne-Champagne
Führung: sehr gut

Dem Militärpass ist ein Dokument beigelegt:

»Im Namen des Führers und Reichskanzlers: Dem Gerber Ludwig Weilnböck in M. Grafing ist auf Grund der Verordnung vom 13. Juli 1934 zur Erinnerung an den Weltkrieg 1914/1918 das von dem Reichspräsidenten Generalfeldmarschall von Hindenburg gestiftete Ehrenkreuz für Kriegsteilnehmer verliehen worden. Ebersberg, den 30. Januar 1935, Bayer. Bezirksamt.«

Laut Ahnentafel war Großvater das vierzehnte von 15 Kindern. Sein Bruder Georg erreichte das 17. Lebensjahr und seine Schwester Josefa wurde 37 Jahre alt. Sie starb 1918 in der »Heil- und Pflegeanstalt« Gabersee. Alle anderen Geschwister verstarben bereits im Kindesalter.

Nach dem Zweiten Weltkrieg musste sich Großvater vor der Spruchkammer in Ebersberg verantworten. Er gab an Eides statt zu Protokoll, trotz Parteimitgliedschaft in der NSDAP kein »wirklicher Nazi« gewesen zu sein. Er habe immer mit jüdischen Geschäftspartnern gut zusammengearbeitet und sich gegen den Juden-Boykott gewehrt, den die Nazis befohlen hatten. Seine wirtschaftlichen Sorgen seien verheerend gewesen und er habe den Ruin befürchtet.

»Der letzte Tag des 3. Reiches«, so gibt ihn die Spruchkammerakte wieder, *»sollte mir noch die größte Enttäuschung bringen. Durch zu frühes Hissen der weißen Fahne wurde ich am Vormittag verhaftet und sollte durch SS-Leute erschossen werden.*

Nur dank einem Zufall entging ich dem Tod. Am Abend dieses Tages zogen die Amerikaner in unseren Ort ein.«

Am 5. Dezember 1946 wurde mein Großvater Ludwig Weilnböck von der Spruchkammer Ebersberg als Mitläufer nach Artikel 12 des Gesetzes eingestuft. Er musste in den Wiedergutmachungsfond »300,00 RM« einzahlen. Die Aufhebung der Sperre seiner Konten wurde am 18. Juli 1947 amtlich bestätigt.

All diese Unterlagen legen Zeugnis ab von dem, was damals geschah. Nicht mehr und nicht weniger. Als Großvater starb, verstand ich noch kaum etwas davon, was Krieg bedeutet, und nichts von den Folgen, die Kriege nach sich ziehen. Das sollte noch kommen.

Großvaters Testament

Niemand in der Familie wusste, wer nun das Haus erben würde. Großvater hat nie darüber gesprochen. Mutter, die ihre beiden Eltern bis zum Tod gepflegt und versorgt hatte, befürchtete das Schlimmste, nämlich, dass die Freundin ihres Vaters in München alles erben könnte. Wenn sie nur darüber sprach, zeigte sich ihr flattriges Nervenkostüm. Sie fühlte sich verraten und schlecht behandelt, noch bevor die Testamentseröffnung überhaupt stattgefunden hatte. Ihr Bruder, Onkel Schorsch, hatte bereits Jahre davor das Elternhaus überschrieben bekommen. Sie und ihre Schwester Toni waren bislang leer ausgegangen. Das konnte ich mit meinen jetzt knapp zwölf Jahren schon verstehen. Ich verstand auch langsam, dass es in der Familie Weilnböck Probleme gab. Man sprach nicht miteinander, sondern ging sich aus dem Weg. Bis zur Testamentseröffnung vergingen nach Großvaters Tod einige Wochen. Dann war klar, dass Großvater Mutter als Alleinerbin eingesetzt hatte. Das war eine erlösende Nachricht und ein nachträglicher Dank für alles, was sie für ihre Eltern getan hatte.

Manfred, der seine Lehre bei Onkel Benno und Tante Toni schon absolviert hatte und inzwischen als Konditorgeselle bei ihnen arbeitete, brachte die Nachricht mit nach Hause, dass Tante Toni, Mutters Schwester, demnächst bei uns erscheinen und ihren Pflichtteil einfordern würde. Der Gedanke, dass ihre Schwester plötzlich vor der Wohnungstür stehen könnte, versetzte Mutter erneut in Panik.

Irgendwann klingelte es abends zu ungewohnter Stunde an der Tür und schon das energische Drehen der noch immer rostigen Handklingel machte uns klar, das konnte nur Toni sein. Vater, der sehr gelassen die Tür öffnete und sie höflichst hereinbat, wurde mit einem kalten »Ist's angenehm?« begrüßt. Mutter fing an zu weinen, noch bevor ihre Schwester richtig in der Wohnung stand. Aber so war sie halt. Sie hatte zu viel an Schmerz durchgemacht und ein ganz anderes Gemüt als ihre herrschsüchtige Schwester. Ich beobachtete das Geschehen aus kurzer Distanz und sagte natürlich kein Wort. Vater bat Tante Toni, sich zu setzen, was sie aber nicht wollte. Auf ihre bekannt harsche Art verschaffte sie sich in unangenehmer Weise Respekt. Die Tränen ihrer Schwester rührten sie keinen Deut. Die Tatsache, im Testament ihres Vaters ignoriert worden zu sein, ärgerte sie über alle Maßen. Nun forderte sie den ihr zustehenden Pflichtteil von ihrer Schwester. Ein Viertel stünde ihr zu und nicht ein Sechstel, wie Mutter meinte. Es wurde hin und her gestritten, dann schritt Vater ein und schlug vor, dass sich jede einen Rechtsanwalt nehmen und sie die Angelegenheit juristisch klären lassen sollten. Die müssten schließlich wissen, was rechtlich möglich ist.

Tante Toni verließ, genauso wie sie gekommen war, ohne Gruß unsere Wohnung. Ein Rechtsstreit brachte Klärung. Tante Toni bekam ein Viertel des Schätzwerts des Hauses als Pflichtteil ausbezahlt.

Da war er wieder, der Riss, der durch die Familie ging und den ich nicht verstand und noch lange nicht verstehen sollte. Auch dass der Umstand, dass niemand sprach und über allem ein Schweigen lag, nichts mit meiner fragilen Position als angenommenes Kind zu tun hatte, verstand ich erst viel später.

Trockener Sekt

Geburtstage wurden bei uns nicht übermäßig gefeiert. Die Geschenke waren zweckmäßig und bescheiden. Vergessen wurde allerdings keiner und auch Mutters Fünfzigster nicht. Manfred, der ja längst aus dem Haus war, kam extra angereist. Mutter, die gehofft hatte, ihr Sohn würde ihr eine selbst gemachte Torte mitbringen, wurde enttäuscht. Wahrscheinlich wurde ich stattdessen zu Onkel und Tante ins Café geschickt, um Kuchen für den Geburtstag zu holen. Mutter liebte »Holländer Kirsch« und »Schlotfeger«. Die Nusstorte, die ich mir von Manfred zu meiner ersten heiligen Kommunion gewünscht hatte, hat er auch nicht gemacht. Die habe ich dann mit Mutter zusammen gebacken. Auch wenn sie etwas schief wurde, so schmeckte sie doch vorzüglich.

An Mutters Geburtstag standen wir so im Wohnzimmer herum, als Vater plötzlich meinte: »Da muas es doch no a Flaschn Sekt gem, die liegt doch scho so lang im Schlafzimmerschrank. Die trink ma jetzt.« Manfred hatte sie, als er noch in der Lehre war bei Onkel Benno und Tante Toni, einmal von dort mitgebracht. Niemand, und ich sowieso nicht, hatte mehr daran gedacht. Vater holte die Sektflasche, übrigens eine »Henkel trocken«, aus dem Schrank und versuchte, den Sektkorken zu lösen. Doch da war nichts zu machen. Die Flasche ließ sich nicht öffnen. Vater, der sich bei derartigen Sachen eigentlich immer gut zu helfen wusste, schaute uns leicht erstaunt an, so, als wüssten wir eine Lösung. »Moanst ned, Spotzal, dass dei Schwester di wieda amoi reiglegt hot? Des wär doch typisch für sie, oder?« Mutter sagte daraufhin prompt, dass die Flasche vielleicht etwas zu leicht sei, worauf Vater auf seine typische süffisante Weise sagte: »Moanst, dass da a Trockenpulver drin is, des ma mit Wasser auffüllen muas, bevors zum Sekt wird?« In dem Moment schauten wir uns alle an und die Spannung entlud sich in einem befreienden Gelächter. »Na Spotzal, des is a Atrappn, die du da von deiner Schwester kriagt host. Des hods extra gmacht, um di zu ärgern.« Diesmal war ihr das nicht gelungen. Wir beendeten das Thema und ließen uns Kaffee und Kuchen schmecken.

Teil 2

Die wundersame Verwandlung

ICH WAR NOCH NICHT ganz 14 Jahre alt, als nach der achten Volksschulklasse mein Schulabschluss bevorstand. Wir wurden in den Wochen zuvor über unsere Berufschancen aufgeklärt und sollten uns um eine Lehrstelle kümmern. Die Botschaft, die uns mitgegeben wurde, lautete, immer das Beste zu geben.

Eines Tages wurden zu Verwaltungszwecken Karteikarten verteilt, die wir sorgfältig und in Schönschrift auszufüllen hatten. Mein Name und mein Geburtsdatum und die Namen und die Geburtsdaten der Pflegeeltern hatten bisher immer ausgereicht. Ich erschrak, als ich las, dass ich die Namen der leiblichen Eltern, sofern sie noch leben, eintragen sollte. Wird sich jetzt das lang gehütete Geheimnis meiner Herkunft lüften? Sollte ich jetzt endlich erfahren, wer mein leiblicher Vater und wer meine leibliche Mutter ist? Meine Ruhe war dahin. Ich wollte die Wahrheit jetzt unbedingt wissen, gleichzeitig fürchtete ich mich davor, was sonst noch kommen könnte. Es war beides. Auch fühlte ich mich bei dem Gedanken, möglicherweise die Wahrheit zu erfahren, größer werden. Meine Position gegenüber den Erwachsenen würde eine andere werden.

Mit einer aufsteigenden Nervosität machte ich mich auf den Heimweg. Zu Hause angekommen, Mutter war mit Hausarbeit beschäftigt, legte ich die Karteikarte auf den Küchentisch und mit bleierner Zunge würgte ich die Bitte »Da musst du noch was ausfüllen« hervor. Mutter sah mich fragend an, nahm die Karte und ich zeigte auf die noch auszufüllende Zeile. Sie erblasste und ließ sich in Zeitlupentempo auf einem Küchenstuhl nieder. Das streng gehütete Geheimnis forderte, gelüftet zu werden. Durch meinen Nachnamen, ich hieß ja Fink, war es immer anwesend gewesen und immer übermächtiger geworden. Alle hatten Angst. Ich hatte in den Jahren öfters danach gefragt, wer meine »richtigen« Eltern seien. Immer war mir ausweichend geantwortet worden.

»Weißt du denn, wer mein Vater ist?«, fragte ich sie jetzt vorsichtig. »Des kon i dir net song«, flüsterte sie gepresst. »Aber du weißt, wer es ist?«, bohrte ich weiter. »Na, des kon i dir net song.« Mit ihrer Ratlosigkeit und ihrem Schweigen wuchs meine Neugier. Nach einer Weile wiederholte ich meine Frage. Mir war, als würde sich jeden Moment eine Falltüre öffnen und mich oder uns beide verschlingen. Aufregung war Gift für sie, das wusste ich. Schlimmstenfalls fing alles an ihr zu zittern an, sodass einem selber gleich Angst wurde. Ich hatte oft genug erlebt, wie ihr strapaziertes Nervenkleid bei Unruhe reagierte. Zu meiner eigenen Verwunderung hörte ich mich sie trotzdem fragen: »Kenne ich den?«, was sie sofort mit »ja« beantwortete. »Dann sag doch endlich, wer es ist«, darauf sie: »Konnst du dir des net denga?«

Da fing ich doch tatsächlich an, als Erstes Onkel Benno, der die feinen Torten zauberte, zu vermuten. Der war es leider nicht. Das hätte mir gefallen. Also rätselte ich weiter in der männlichen Verwandtschaft. Doch keiner entpuppte sich als mein Vater. »Jetzt sag's halt endlich«, forderte ich Mutter erneut auf.

Und dann brach es aus ihr heraus: »Der Onkel Schorsch.« Nun war ich vollkommen sprachlos, eigentlich waren wir beide sprachlos. Keinen Moment hatte ich an ihn gedacht. Etwas in mir lehnte sich auf. Mutter war jetzt erleichtert und ich war in Sekunden tonnenschwer geworden. Ein innerer Widerstand machte es mir schwer, zu glauben, was ich da gerade gehört hatte. »Wie soll ich mich denn jetzt verhalten, wenn ich ihn auf der Straße treffe? Wie soll ich ihn ansprechen? Soll ich sagen: ›Grüß dich, Papa?‹« Onkel Schorsch würde ich ab sofort nie mehr sagen.

Onkel Schorsch, mein Vater, mit seiner Frau und seinem Sohn im Haus gegenüber? Das würde ja bedeuten, dass sein Sohn mein Halbbruder ist und Manfred mein Cousin, dass Mutter meine echte Tante ist und ich ihre echte Nichte bin. Und Großvater und Großmutter waren meine echten Großeltern gewesen. Dass ich mit all denen verwandt sein könnte, daran hatte ich in all den

Jahren keinen Augenblick gedacht. Nun zeigte sich: Das Gegenteil war wahr. Ich gehörte väterlicherseits zur Familie und zur Verwandtschaft. Der Schock saß tief.

Nachdem ich mich etwas gefangen hatte, stellte ich gleich noch die zweite zu klärende Frage, die nach dem Namen und der Anschrift meiner leiblichen Mutter. Dies schien Mutter zu meinem Erstaunen überhaupt nicht zu berühren. Die leibliche Mutter war offenbar etwas weiter weg, als der gerade neu entdeckte Vater von nebenan. »Do muss i erst mit dem Vormund redn, des woiß i selber ned«, sagte sie. Damit war fürs Erste das Thema erledigt.

Ich bin damit aufgewachsen, dass man möglichst keine Fragen stellt. Dass es eben so ist, wie es ist. Amen. Dass die Kriegsgeneration später als die »schweigende« in die deutsche Geschichte einging, wurde mir mit den Jahren klar. Erst als ich damit begann, meine eigene Geschichte und danach immer mehr auch die deutsche Geschichte zu begreifen, konnte ich mir das Schweigen etwas besser erklären. Das hielt mich aber nicht davon ab, Fragen zu stellen, anfangs zaghaft, später gezielter.

Die Offenbarung, dass mein Onkel mein Vater ist, empfand ich damals als Verrat an mir. Es war ein Schock, dem ich entfliehen und vor dem ich mich verstecken wollte. Ich wollte vor Scham unsichtbar werden. Da war die Pflegemutter zur Tante geworden, dabei war sie es von Anfang an gewesen. Sie muss große Angst vor dem Tag gehabt haben, an dem sie mir all das sagen und erklären müsste. Vielleicht hat sie auch darauf gehofft, dass Dr. Fendt, mein Vormund, das alles mal übernehmen würde, dass er mich eines Tages über meine Herkunft aufklären würde.

Schade ist, dass es uns nicht gelang, ohne Zorn über ihre und meine Verletzungen zu sprechen. Ich habe irgendwie weitergemacht, vorerst. Hätten sie mir nach meiner Geburt den Namen meines Vaters geben können und hätten sie das auch getan, dann wäre mir sehr viel erspart geblieben.

Fragen an Gott

NACH DER WUNDERSAMEN VERWANDLUNG begann ich mich zu verändern. Ich wurde ernster. Das nette, gläubige Mädchen erwachte aus dem Traum, alles würde gut werden, wenn man nur fest daran glaubte. Die Kleider waren plötzlich zu eng geworden, sie passten nicht mehr und sahen auch etwas schäbig aus. Vorerst ging es noch zur Sonntagsmesse und ab und zu auch noch mit Mutter zu den Rosenkränzen.

Ich saß in der Sonntagsmesse jetzt immer oben auf der Empore und nicht mehr im Hauptschiff. Dort wollte ich nicht länger sein. Während einer dieser Messen entdeckte ich meinen leiblichen Vater und seine Frau, beide im eleganten Sonntagsstaat. Sie standen ganz vorne auf der Empore mit freiem Blick auf den Altar. Ihr Sohn, seit Kurzem mein Halbbruder, war Ministrant geworden, was sie möglicherweise dazu veranlasst hatte, wieder einmal in die Kirche gehen. Wie auch immer. Ich schaute immer mal zu ihnen hinüber. Ich wollte mich zeigen. Ich wollte gesehen werden. Ich wollte wahrgenommen werden. Doch sie taten so, als hätten sie mich gar nicht bemerkt.

Ihre Gleichgültigkeit mir gegenüber empfand ich als Demütigung. Und da wir allesamt in der selben Kirche waren und zu dem selben Gott beteten, begann sich in mir ein Unrechtsempfinden zu regen, was mich dazu brachte, mich jetzt und hier an Gott zu wenden. »Warum lässt du das zu?«, »Warum schreitest du nicht ein?«, »Warum hilfst du mir nicht?«, »Die dürfen mich doch nicht so von oben herab behandeln.« »Wir beten alle zu dir, doch du machst nichts, dass es besser wird.«

Gleichzeitig fiel mir die Geschichte vom verlorenen Sohn aus dem Lukasevangelium ein, wo nach Jahren der Sohn reumütig in das Haus seines Vaters zurückkehrt, von diesem die schönsten Kleider erhält, einen Ring an seinen Finger gesteckt bekommt und der Vater für den heimgekehrten Sohn ein Kalb schlachten lässt. Im Vergleich mit dem verlorenen Sohn war meine Geschichte geradezu unspektakulär. Ich musste nichts bereuen wie der verlorene Sohn, der ein Lotterleben geführt hatte, Reue zeigte und um Vergebung bat und dann auch noch belohnt wurde. Für mich wurde kein großes Fest gefeiert, als ich erfuhr, wer mein leiblicher Vater war. Ich war nicht in seinem Haus willkommen und wurde nicht beschenkt. Die Wahrheit war eher peinlich und musste weiterhin unterdrückt werden. Keine Freude kam auf und niemand sagte: »Komm, lass es uns feiern.«

Und nun beten wir alle zu dir und am Ende empfangen wir alle denselben Segen. Und danach soll alles wieder so sein, wie es die ganze Zeit schon war? Enttäuscht und traurig und irgendwie auch voller Scham ging ich nach Hause. Dort erzählte ich während des Mittagessens, was ich gerade erlebt hatte. In ihrer Unbeholfenheit flüchteten sich meine beiden Pflegeeltern in Sätze wie »Denk ned groß drüber noch, die san hoit so.« Da war auch die Rede von »Verstehenmüssen«. Als müsste ich verstehen, was die da taten, und das, ohne zu wissen, warum. Damit war mein wacher Geist nicht einverstanden.

Nach diesem Gottesdienst war nichts mehr wie vorher. Meine kindliche Gläubigkeit hatte einen Totalschaden erlitten. Die vielen Beichten in all den Jahren, meine Sünden, die ich schutzlos in den säuerlichen Beichtstuhl hinein bußfertig abgeliefert hatte, all das fühlte sich an wie ein riesiges Affentheater. Nichts war so, wie sie es mir immer vorgemacht hatten.

Ich war verunsichert und gleichzeitig regten sich Wünsche in mir. Wie gerne hätte ich mit meinem leiblichen Vater über meine leibliche Mutter, die es ja auch noch irgendwo geben musste, gesprochen. Das war allerdings nicht einmal annäherungsweise möglich, so unnahbar war er. Die unbeantwortete Frage nach dieser Unbekannten wollte dafür nur um so dringlicher beantwortet werden.

Aus der Ferne, nämlich von seiner Wohnung aus, hat er mich in dieser Zeit jedoch immer wieder einmal beobachtet. Er stand dann bewegungslos und wie ein Geist hinter der Gardine eines Fensters. Wenn ich ihn dabei entdeckte, verschwand der Geist. Diese Art, mich ins Visier zu nehmen, sich selbst aber nicht zu zeigen, berührte mich sehr unangenehm.

Diese Erlebnisse markieren den Beginn einer großen, lang andauernden Entdeckungsreise: Die Lust, selbst herauszufinden, was wirklich wahr und was unwahr war, trieb mich. Ich wollte herausfinden, wer meine leibliche Mutter ist, warum sie mich in einem Waisenhaus zurückgelassen hatte, was aus ihr geworden war, wo sie wohnte und wie sie aussah. Ich wollte ihr ins Gesicht sehen. Dabei wusste ich nicht einmal, ob sie überhaupt noch lebte.

Weg mit den Zöpfen

Während ich mit all diesen »Neuigkeiten« irgendwie zurechtkommen musste, regte sich ein alter Wunsch in mir. Ich wollte etwas an meinem Äußeren verändern. Es war ein Wunsch, mit dem ich bei Mutter nie Gehör gefunden hatte. Meine von so vielen bewunderten Zöpfe, die mir bis zu den Lendenwirbeln reichten, wollte ich jetzt loswerden. Jahrelang hatte ich vergeblich darum gebettelt, sie abschneiden zu dürfen.

Ich wollte keinen Pferdeschwanz und keine Ponyfransen, was bei den Mädchen gerade sehr beliebt war. Ich wollte »nur« einen Kurzhaarschnitt, einen Bubikopf, statt dieser langweiligen Zöpfe. Und bayerische Dirndln wollte ich auch nicht mehr anziehen. Jetzt, kurz vor dem Eintritt in die Lehre, war der richtige Zeitpunkt. Mir war klar, dass ich weiter mit Mutters heftigem Widerstand zu rechnen hatte. Und so war es auch. Aber: Meine Hartnäckigkeit war stärker und letztendlich gelang es mir, sie zu überreden. Und so stand ich am nächsten Tag mit Mutter vor dem großen Spiegel im Salon Niedermayer in der Griesstraße. Der Friseurmeister Niedermeyer weigerte sich zunächst vehement, meine dicken Zöpfe abzuschneiden. Lange stand er mit seiner großen Schere unschlüssig und finster dreinblickend hinter mir und fragte Mutter, ob er wirklich meinem Wunsch entsprechen dürfte. Erst nach mehrfacher Rückversicherung begann er, den ersten Zopf auf Höhe meiner Schulter abzuschneiden. Jetzt konnte er nicht mehr zurück und er schnitt auch den zweiten Zopf ab. Mit klopfendem Herzen sah ich ihm dabei zu, innerlich jubelte ich. Nachdem auch der zweite Zopf ab war, hatte ich das Gefühl, mein Kopf würde fortfliegen wollen. Der Friseur war ganz und gar nicht davon überzeugt, dass er da etwas Gutes getan hatte. Er hielt die abgeschnittenen Zöpfe eine Weile stumm in seiner Hand, bevor er sie behutsam und mit fast feierlicher Geste auf die Seite legte. Er wollte, dass ich sie zum Andenken mit nach Hause nehme. Die physische Erleichterung hielt sich noch tagelang. Jetzt erst wurde mir bewusst, wie schwer doch meine Zöpfe gewesen waren. Es war endgültig vorbei mit der täglichen, oft schmerzhaften Zöpfeflechterei. Ich sollte ja immer ordentlich gekämmt zur Schule gehen.

Meine empfindliche Kopfhaut erholte sich mit der Zeit. Nie mehr plagte ich sie mit allzu langen Haaren. Für mich war der Abschied von den Zöpfen ein Sieg. Es war zugleich ein Abschied vom Gehorsam. Ich fing an, meine Wünsche ernst zu nehmen.

Lehre

Die Sommerferien 1960 waren für mich sehr kurz. Am 16. August begann ich mit einer kaufmännischen Lehre im Kaufhaus Arnold am Marktplatz. Meine beiden Chefs, Herr und Frau Arnold, waren mir nicht fremd, war ich doch mit deren Kindern Gertrud, Edith und Franz befreundet. In den Ferien hatte ich des Öfteren bei Arnolds übernachtet. Sie hatten mich auch manchmal zu Ausflügen an den Chiemsee oder an den Hechtsee mitgenommen. Mir war die ganze Familie sehr sympathisch. Hier wurde zum Beispiel über alles diskutiert. Da waren Rede und Gegenrede erlaubt, wenn nicht sogar gefordert. Mir hat das sehr gefallen und ich hätte es zu Hause auch gerne so gehabt. Ich wurde mutiger im Fragenstellen. Mit Vater war das eher möglich. Mutter reagierte gekränkt, so als wäre ihre Erziehung falsch gewesen. Mit der Zeit fingen wir aber auch zu Hause an, offener miteinander zu sprechen.

Der Übergang in die Berufswelt war äußerst anstrengend. Mit 14 Jahren von einem Tag auf den anderen von morgens bis abends unter den Augen der erfahrenen Buchhalterin Maria konzentriert zu arbeiten, fiel mir schwer. Die »Lehrlingsbeihilfe« betrug im ersten Lehrjahr 60 Mark pro Monat, im zweiten 75 und im dritten Lehrjahr 90 Mark. Davon durfte ich im ersten Jahr 5 Mark, danach etwas mehr für mich behalten. Alles andere musste ich abgeben, hatte aber Schlafen und Essen frei. Das war ganz schön hart. Neidvoll schaute ich auf die Lehrlinge, die ihre Lehrlingsbeihilfe zu 100 Prozent für sich hatten. Die Wochenarbeitszeit betrug 48 Stunden. Eigentlich waren es ja zwei Kaufhäuser und diese mussten buchhalterisch auseinandergehalten werden. Das eine Kaufhaus, das Textilkaufhaus, wurde von Frau Arnold geführt. Das zweite Kaufhaus nannte sich Eisenwarenhandel, lag schräg gegenüber und wurde von Herrn Arnold geführt. Hier gab es von Kaffeeservicen und Haushaltsgeräten aller Art bis hin zu Ofenrohren und Öfen ein sehr großes Angebot, ebenso an Werkzeugen und Materialien für sämtliche Handwerksbetriebe. Hinten im Hof lagerten Klosettschüsseln, Abflussrohre, Bleche, Baumatten und Stahlträger. Im Winter wurden die Ölöfen in die großen Schaufenster gestellt und im Sommer die neuesten Rasenmäher. Im Eisenwarenladen arbeitete ich lieber, weil der Ton hier ein anderer war. Auch waren die Verkäufer allesamt jung. Es wurde viel gewitzelt und gelacht, gleichzeitig waren alle hilfsbereit und nett.

Herr Arnold schrieb, was er zu schreiben hatte, in Steno. Weil ich Steno-Unterricht in der Berufsschule hatte, konnte ich bald seine Notizen lesen und in vollständigem Deutsch in die Maschine tippen.

Herr Arnold und seine Frau hatten Geduld und verstanden es, mich zu motivieren. Sie mochten mich einfach und ich strengte mich an. Sie gingen jeden Tag nach dem Essen ins Café Fischer von Onkel Benno und Tante Toni, das gleich über die Straße lag. Das verunsicherte mich. Ich hatte Sorge, dass sie mit den Fischers vielleicht über mich reden und ihnen von meinen Fehlern, die ich natürlich auch machte, erzählen könnten. Ich verspürte eine gewisse Versagensangst und dass alle denken könnten, mit mir ginge es sowieso schief.

Es ging nicht schief, im Gegenteil, es ging immer besser. Die Berufsschulfächer interessierten mich. Vor allem Buchführung, kaufmännisches Rechnen und BWL hatten es mir angetan. In der Berufsschule in München unterrichteten uns meist junge, aufgeschlossene Lehrerinnen, die uns siezten und weit davon weg waren, uns ständig zu demütigen. Es gab aber auch ganz andere. So haute uns eine alte Schreibmaschinenlehrerin mit lauten Taktschlägen auf das Pult die Buchstabenreihenfolge um die Ohren. A-S-D-F-J-K-L-Ö. Eine weitere lehrte uns Steno. Sie war zynisch und hielt uns alle schon allein deswegen für dumm, weil wir nicht aus der Stadt kamen, sondern aus dem Münchner Umland. Ihre Boshaftigkeit ging so weit, dass sie einmal sagte: »Es wäre besser, ihr würdet die Schule verlassen und auf euren Bauernhöfen bleiben und den Stall ausmisten.« Das quittierten wir allerdings mit schallendem Gelächter. Keine von uns kam nämlich von einem Bauernhof, und wenn schon. Den Steno-Unterricht mochte ich trotzdem. Nicht nur konnte ich Herrn Arnolds Stenogramme lesen, ich begriff auch, dass Steno sich als Geheimschrift verwenden lässt. Und als solche benutze ich Steno bis heute.

Alles habe ich gut überstanden. Ich hatte gute Noten und nach drei Jahren, drei Monate vor meinem 18. Geburtstag, meinen Handelskammerbrief in der Tasche. Als ich 20 war, wechselte Maria, die mir so viel beigebracht hatte, die Stelle. Nun war ich an der Reihe, das Buchhaltungsruder zu übernehmen. Ich hatte Bedenken, ob ich das schaffen würde. Jetzt hatte plötzlich ich einen Lehrling und ein paar Aushilfen unter meinen Fittichen. Es lief gut.

Einmal im Jahr kam der Diplomkaufmann und Wirtschaftsprüfer Dr. Daniel aus München mit einer Steuerfachgehilfin in unser Büro. Sie blieben zwei bis drei Tage, um die Bilanzen für die beiden Geschäfte zu erstellen. Dieser Dr. Daniel lobte mich einmal über alle Maßen, weil ich die Neuordnung des Umsatzsteuersystems, die 1963 in Kraft getreten war, verstanden hatte und meine Umsatzsteuervoranmeldungen alle korrekt waren. Das tat vielleicht gut und stärkte mein Selbstwertgefühl.

Am 22. November 1963 abends, ich war noch mit wichtigen Terminarbeiten beschäftigt, hörte ich, wie Herr Arnold mit schnellen, schweren Schritten den langen Gang entlang direkt auf mein Büro zusteuerte. Er riss die Tür auf, rief »Den Kennedy hams ermordet« und rannte wieder zurück. Ich verließ genau so schnell das Büro und lief ins Arnoldsche Wohnzimmer. Dort saßen sie alle und verfolgten fassungslos die TV-Übertragung aus Dallas. Bis tief in die Nacht wurde darüber gemutmaßt, was nun passieren würde. Noch am selben Abend wurde Lyndon B. Johnson, neben einer erschütterten Jackie Kennedy stehend, als neuer Präsident vereidigt. Alle Träume und Hoffnungen der jungen Generation schienen durch das Attentat zerstört. Monate davor hatte uns die Kubakrise in Angst und Schrecken versetzt. Vater hatte damals gesagt: »Es wird Krieg geben.« Diese Ereignisse machten mich politisch wach.

Die Liebe zu den Bergen oder Hochstimmung

Trudl Thomele, Leiterin einer Mädchengruppe des Deutschen Alpenvereins Sektion Ebersberg/Grafing und erfahrene Bergsteigerin, hatte Mutter beim Einkaufen getroffen und die Gelegenheit genutzt, mich für ihre Gruppe zu werben. »Die Gisela, die würde gut zu uns passen.« Das erzählte Mutter mir und sagte: »So einfach geht des aber ned. Und nur wenn du versprichst, weiter dahoam mitzuhelfen und Lehrzeit und Berufsschuln ned zu vernachlässigen, dann überleg i mir des no.« Ich versprach das alles und durfte tatsächlich irgendwann zu den Frauengruppenabenden gehen, die jeden Mittwoch stattfanden. Trudl, so nannten sie alle, besprach Touren mit den Älteren. Uns, den jungen Mädchen, brachte sie bei, was es heißt, in den Bergen unterwegs zu sein: den Umgang miteinander, das Verhalten am Berg und die Ausrüstung, die in jedem Rucksack drin sein muss, um gegen Wetterstürze und Unfälle gewappnet zu sein, nämlich ein Anorak, ein warmer Pullover, ein zweites Paar Strümpfe, Verbandszeug, eine Wasserflasche und Proviant, zu dem unbedingt Teebeutel gehörten.

Vor dem Nachhausegehen wurden Lieder gesungen, die Trudl mit ihrer Gitarre zupfend begleitete. Ich fand das alles sehr aufregend, bisher war ich ja noch nicht allzu weit von zu Hause weggekommen. Ich ahnte die Möglichkeiten, Neues zu entdecken.

Meine erste Tour mit der Gruppe war für Pfingsten 1961 geplant. Damals war ich noch nicht ganz 15 Jahre alt. Trudl hatte die Bahnfahrkarten und die Übernachtungen auf den Hütten gebucht. Mit Ach und Krach brachte ich die wichtigsten Teile meiner Ausrüstung zusammen. Die Schuhe musste ich mir ausleihen. Dafür war erst mal kein Geld da. Die Schuhe stammten von Fredl, Tante Irmis Mann. Er hatte ausgesprochen kleine Füße und mir waren die Schuhe etwas zu klein. Deswegen empfahl

Fredl mir, mit den Schuhen am Vorabend der Tour im nassen Gras zu gehen, damit sie sich etwas weiten. Ich tat so, als sei alles bestens. Auf keinen Fall wollte ich riskieren, nicht mitzukönnen.

Wir, das waren Trudl mit ihren zwei Töchtern Luise und Ilse, Rosa, Elfi, Lisbeth, Mariele, Christl und Elli, fuhren bei gutem Wetter mit dem Zug nach Lenggries, wo unsere Tour begann. Das erste Ziel war das Brauneckhaus. Auf dem Weg dorthin fing es an zu regnen und oben hatte es geschneit. In der kachelofengeheizten Hütte wechselten wir unsere nassen gegen trockene Sachen. Die nassen legten wir über die Trockengestelle um den Kachelofen. Dann wurden erst mal die vielen Blasen an den Füßen verarztet. Meine zu kleinen Schuhe hatten natürlich auch an meinen Fersen große Blasen hinterlassen. Trudl zeigte uns, wie man sie richtig versorgt, um am nächsten Tag relativ schmerzfrei weiterwandern zu können. Nach dem Abendessen in froher Runde schnappte sich Trudl die Hüttengitarre und begann mit uns Berglieder zu singen. Sie verfügte über einen großen Liederschatz. Besonders die Liederbücher vom Kiem Pauli bedeuteten ihr viel. Auch liebte sie manch subversives Lied, das sie dann allein vortrug – freche »Schnaderhüpfel« und das »Kasermandl«, das wir alle so mochten:

Auf der Umbrückler Alm sitzt a Kasermandl
Des hockt ganz verstohln hinterm Eisenpfandl
A ganz a kloans Lötterl, dös kocht ihm a Muas, ja
Und wanns du davon isst
Hast as Gsicht voller Ruaß
Den bringst nimmer wega
Kannst machn, was'd wuist
Wann'd ned in'ra Schüssel
An Branntwein neifuist

Vor alle bösen Geister und bösen Weiber und sölches Zeig, des umanandalaft, verschone uns

Auf der Höttinger Alm sitzt a Kaserweibl
Des hat auf die Zottlan a wollerns Häubl
Und wenn'd die z'gleim hinhockst
Und's Gsicht umibiagst ja
Da kann da passieren
Dass'd in Hexenschuss kriagst

Den bringst nimmer wega
Kannst tuan, was du magst
Wannst ned an Viererklee
Unterm Leibl drein tragst

Vor alle bösen Geister und bösen Weiber und sölches Zeig,
des umanandalaft, verschone uns

Aber des is no gar nix: in Oberndorf obn
Da steht a kloans Heisl
Ganz kloa unterm Grobn
Do is a kloans Ganggerl
Mit kohlschwarze Augen ja
Da siegst bald an Himmel
Bald die Höll' ausse schaugn

Der Ruaß und der Hexenschuss
Des war no a Leichts,
Hat di des in die Kralln ja
Da hilft dir nix G'weichts

Vor alle bösen Geister und bösen Weiber und sölches Zeig,
des umanandalaft, verschone uns

Um 22 Uhr war Hüttenruhe. Dann wurde es ruhig und still. Am nächsten Morgen, es hatte die ganze Nacht geschneit, beschlossen wir nach einem kräftigen Frühstück, unsere Tour zur Probstalm in Richtung Benediktenwand wie geplant fortzusetzen. Nachdem allerdings Rosa und Elfi mehrmals bis zu den Knien im Schnee steckengeblieben waren, entschied Trudl, abzubrechen und zur Hütte zurückzukehren. Schade zwar, aber es gehört eben auch zu den Regeln in den Bergen, nichts zu erzwingen und keine Risiken einzugehen. Wir verbrachten den Tag mit Rommé- und Canastaspielen, Kaffeetrinken und Lesen. Der Abstieg tags darauf war auch nicht gerade lustig, weil der Regen nicht aufgehört hatte. Ich war trotzdem überglücklich, dabei gewesen zu sein. Der Anfang war gemacht. Es konnte nur noch besser werden. Es folgten ähnliche kleine Touren, die meine Bergsicherheit und Ausdauer stärkten und mich für größere Touren rüsteten.

Bis zu meiner ersten Wochentour sollte es noch zwei Jahre dauern. Sie ging im Herbst 1963 in die Allgäuer Berge. Mit dabei waren Rosa, Mariele und Elisabeth, Trudl hatte ihre Freundin Klärchen mitgebracht. Ausgangspunkt war das Oytal rauf zum Nebelhorn. Am nächsten Tag ging es weiter über das Laufbacher Eck zum Prinz-Luitpold-Haus, tags darauf auf den König der Allgäuer Alpen, den 2593 Meter hohen Hochvogel. Noch einen Tag später war das Himmeleck mit seinen vielen Gämsen und die Kemptner Hütte unser Ziel, wo wir einen Ruhetag einlegen wollten. In dem eiskalten Schafweiher in der Nähe der Hütte ein paar Züge zu schwimmen, trauten sich nur Trudl und Mariele, nicht ohne dabei laut zu schreien. Ich lieh mir Trudls Kamera aus, ich wollte unbedingt die Murmeltiere fotografieren, die es dort oben zuhauf gab. Doch Trudl meinte: »Nie wirst du von denen ein Foto machen können, die sind viel zu schnell und zu scheu.« Jetzt war mein Ehrgeiz erst recht geweckt. Und tatsächlich gelang mir nach langer, langer, geduldiger Lauer eine Aufnahme von zwei vor ihrem Bau spielenden Murmeltieren. Das Foto hängte Trudl später sogar in den Schaukasten der Sektion am Grafinger Marktplatz.

Nach dem Ruhetag machten wir uns auf den Weg in Richtung Rappenseehütte. Er führte über die 2646 Meter hohe Mädelegabel und den hochalpinen Heilbronner Klettersteig mit seinen Steigleitern, der immer neue Ausblicke bereithielt, weiter über

Bockkarkopf und Steinschartenkopf. Von dort oben sahen wir die Rappenseehütte, die, müde wie wir schon waren, in unerreichbarer Ferne zu liegen schien. Natürlich schafften wir es doch und das Bergsteigeressen drunten in der Hütte, so einfach es auch war, schmeckte vorzüglich. Die Hüttenwirtsleute waren freundlich, nur waren alle Schlaflager belegt. So mussten wir die Nacht über dem Goißn-Stall verbringen und stanken am nächsten Morgen entsprechend. Es war Sonntag und zwei der Wanderer, die wir am Abend kennengelernt hatten, stellten sich als Geistliche heraus, die jetzt eine Bergmesse unter freiem Himmel vorbereiteten. Diese Messe bildete einen stimmigen Abschluss unserer schönen Tour bei bestem Bergwetter. Der Abstieg nach Oberstdorf dauerte noch einmal etliche Stunden. Von dort fuhren wir mit dem Zug zurück nach Grafing. Trudl hatte uns ein weiteres Mal wohlbehalten nach Hause gebracht.

Im Frühsommer 1964 folgte eine weitere hochalpine Tour ins Berchtesgadener Land auf den Watzmann. Diesmal waren auch einige junge Männer aus der Sektion mit dabei. Drei von ihnen gingen mit dem Seil die schwierigere Route hinauf und trafen uns oben auf dem Gipfel. In einen von den dreien war ich sehr verliebt. Heimlich.

Auch von meinem ersten Bergabenteuer in Italien möchte ich noch gern erzählen. Es fand Ende August, Anfang September desselben Sommers statt. Zusammen mit Trudl hatten wir eine einwöchige Tour in den Brenta-Dolomiten vorbereitet. Sie wollte mit uns den spektakulären, aus der Felswand gesprengten Bocchette-Weg gehen. Ich freute mich riesig darauf, war es doch meine erste Reise nach Italien. Trudl, Rosa, Mariele, Irmgard, Hanna, Renate, Inge, Heidi und ich fuhren mit dem Zug nach Bozen. Von dort ging es weiter mit dem Bus ins malerische Malé, wo wir den ersten Cappuccino tranken – für mich war es sogar der erste Cappuccino meines Lebens –, und anschließend weiter bis Madonna de Campiglio. Eigentlich hatten wir unsere schweren Rucksäcke mit der Gondel nach oben zur Hütte schicken wollen, aber wir waren zu spät dran. Der Gondelbetrieb für diesen Tag war schon eingestellt. Ein paar herumstehende Arbeiter bemerkten unsere Not. Wir versuchten ihnen mit Händen und Füßen klarzumachen, dass wir unbedingt noch das Rifugio Graffer erreichen mussten. Zwei von ihnen boten an, uns und unser Gepäck mit dem Jeep gegen ein Entgelt zur Hütte zu bringen. Jede von uns musste 1000 Lire bezahlen, was in unsere schmalen Geldbeutel ein erstes Loch riss. Die Männer verstauten die Rucksäcke und wir quetschen uns dazu. Dann rumpelte der Jeep über steile Wege langsam nach oben. Als wir die Hütte erreichten, war es schon dunkel und die Sterne funkelten. Jetzt waren wir erst mal froh.

Am nächsten Tag ging es bei bestem Sommerwetter zum Sasso Alto, so dachten wir zumindest, denn wir verfranzten uns und erreichten ihn nicht. Wir mussten zurück zur Hütte. Immerhin entdeckte ich auf dem Weg mein erstes Edelweiß. Am darauffolgenden Tag bestiegen wir bei sehr hohen Temperaturen die 2897 Meter hohe Cima del Grostè. Der Hunger am Abend war groß, die Preise für uns sehr hoch. So kam es, dass die meisten von uns täglich Pastasciutta aßen, und wenn der Hunger immer noch keine Ruhe gab, bestellten wir uns eine zweite Portion.

Der imposante Orsi-Weg durch diese unvergleichliche Bergwelt mit ihren senkrechten Wänden und den vielen Felstürmen – entstanden durch Kalkablagerungen und Korallenriffe eines Urmeeres vor vielen Jahrmillionen – flößte uns Respekt ein. Gegen Abend erreichten wir, todmüde aber froh, die Pedrotti-Hütte, wo es wieder nur für Pastasciutta reichte, die aber wie an den Tagen davor sehr gut schmeckte.

Weiter ging es am nächsten Morgen bei strahlend blauem Himmel und hochsommerlichen Temperaturen über die Bocca di Brenta hinunter zur Brentei-Hütte. Von dort wollten wir tags darauf in den Bocchette-Weg einsteigen. Die »Via delle Bocchette« soll der schönste Klettersteig in der Brenta sein.

Nach dem Frühstück packten wir unsere Sachen zusammen, bezahlten Übernachtung und Essen und freuten uns auf den aufregendsten Teil unserer Wanderung. Die Sonne brannte wie in all den Tagen schon früh am Morgen heftig auf uns herab, wir trugen Tiroler Nussöl auf, bis wir glänzten wie die Schwarte. Auf unserem Weg trafen wir viele Seilschaften, die sich in den Steilwänden und vor allem an der berühmten Guglia erprobten. Es wurden Scherze hin und her geworfen, obwohl unser Italienisch kaum über ein »Buongiorno« hinausreichte. Es machte trotzdem großen Spaß. Sich in einer so grandiosen Bergwelt zu bewegen, war überwältigend.

Am Abend auf der Hütte sprachen uns zwei junge Bergsteiger aus München an. Sie wollten am nächsten Tag den höchsten Berg der Brenta-Gruppe besteigen und fragten, ob einige von uns mitkommen wollten, also die, die den Mut dazu hätten. Es sei eine nicht sehr schwierige Tour, aber wir müssten uns an bestimmten Stellen anseilen. Dabei schauten sie vor allem Mariele, Rosa und mich an. Wir mussten natürlich mit Trudl sprechen, denn sie trug ja die Verantwortung. Wir drei fühlten uns jedenfalls geehrt und hatten große Lust, die Tour mit den beiden Männern zu machen. Trudl fiel es nicht leicht, uns gehen zu lassen, sie hatte aber großes Vertrauen zu uns, weswegen sie schließlich einwilligte. Rosa war die Älteste und hatte die meiste Bergerfahrung.

Früh am nächsten Morgen erklärten uns die jungen Männer die wichtigsten Verhaltensweisen und versicherten uns, bei Schwierigkeiten die Tour sofort abzubrechen. Wir gingen los, achteten auf jeden Schritt und jeden Griff. Mit zunehmender Höhe wurde das Gelände schwieriger. Die Männer packten die Seile aus und legten uns das Geschirr an. Ruhig und bedächtig kletterten wir nach oben. Gesprochen wurde nur noch das Notwendigste. Ein schweigendes Glück machte sich in mir breit und ich hatte keine Sekunde Angst. Nach einer kurzen Pause und einer kleinen Stärkung ging es genauso ruhig weiter. Und dann öffnete sich der Himmel. Wir waren auf dem Gipfelgrat angekommen. Der Gipfel lag in ewigem Eis und Schnee. Ein unbeschreiblicher Moment. Die letzten Meter zum Gipfel sind mit nichts zu vergleichen. Wir umarmten uns und bestaunten die Bergwelt um uns. Einer der Männer holte eine Dose Ananas aus dem Rucksack und öffnete sie. Dann ging sie von Hand zu Hand. Was für ein Genuss! Wir blieben eine Weile im Schnee sitzen, um all die Bilder in uns aufzunehmen und sie für immer in uns zu bewahren.

Vor dem Abstieg zeigten uns die beiden, wie man sich mit einem »Dülversitz« abseilt und damit schwieriges Gelände in luftiger Höhe recht bequem abkürzen kann. Ich hatte nicht die geringste Furcht und ich glaube, auch Rosa und Mariele nicht. Und die zwei Münchner sowieso nicht.

Auf der Hütte wurden wir vom Rest der Bande erleichtert empfangen. Trudl war glücklich, uns gesund und ebenso glücklich wiederzusehen. Kaum zu glauben, dass ich mit der Cima Tosa mit ihren 3197 Metern meinen ersten Dreitausender geschafft hatte.

Ein paar Monate später wurden wir auch in der Sektion noch einmal gefeiert. Meine Eltern waren hin und her gerissen zwischen Hochachtung und blankem Entsetzen. Wenn sie das vorher gewusst hätten, hätten sie mich niemals fortgelassen. Ihren Stolz konnten sie aber auch nicht verbergen.

Die Brenta-Tour gehört zu den schönsten Bergtouren in meinem Leben und ich bin Trudl bis heute dankbar, dass sie mich hat gehen lassen, dass sie Vertrauen hatte, aber auch, dass sie meine Kräfte richtig einschätzte.

Trudl war für mich in dieser Phase meines Erwachsenwerdens ein sehr wichtiger Mensch. Sie war eine außergewöhnliche Frau, gescheit, lustig, auch ein wenig subversiv, immer neugierig, nie launisch und sehr hilfsbereit. Ich habe sie, als sie alt war, hin und wieder in Grafing besucht. Jedes Mal freute sie sich sehr. Wir saßen zusammen in ihrem Wohnzimmer bei Tee und Brotzeit, sie holte ihre Bergtagebücher heraus, und dann wurden alte Geschichten erzählt und es wurde viel gelacht. Sie war wunderbar und nie denke ich ohne ein Lächeln an sie. Sie hat die Liebe zu den Bergen in mir geweckt, die bis heute anhält.

Prinzengarde, Ballnächte, Wendelin

Ich ging zu dieser Zeit nicht nur in die Berge, sondern auch zum Tanzen! Wir jungen Leute trafen uns, wenn es irgend ging, jeden Samstag in der Turnhalle an der Jahnstraße. Ich tanzte mit Begeisterung die neuen Tänze Slop, Twist, Shake, Hully Gully und Letkiss. Es war einfach nur himmlisch. Natürlich schaute ich auch nach den hübschen Jungs. Und wenn mich dann auch noch ein heimlicher Schwarm zum Tanz aufforderte, so war es anfangs noch die Regel, konnte mein Herz sehr schnell entflammen. Gleichzeitig war ich schüchtern. Ich verließ die Halle immer beizeiten, weil ich spätestens um 1 Uhr zu Hause sein und am besten auch schon im Bett liegen musste.

Einmal war ich zu spät dran. Ich schlich heim, mit der Furcht im Nacken, Mutter könnte mich hören. Als ich um die Ecke bog, sah ich sie auf ein Kissen gestützt aus dem Fenster lehnen. Sie empfing mich in bissigem Ton: »Zeit is woarn, dass du hoamkimmst!« Ein Nachspiel gab es nicht.

Erst mit der Zeit verstand ich, dass ich eine hübsche, begehrenswerte junge Frau war. Und dass ich sehr schöne Beine hatte.

Eines Tages sprach Irmi, die Gardemajorin der Grafinger Prinzengarde, meine Mutter auf der Straße an: »Die Gisela muss unbedingt bei uns in der Prinzengarde mitmachen.« Mutter war erst einmal dagegen, ich war ja noch nicht einmal 18 Jahre alt, also längst nicht volljährig. Ich bettelte und gewann. Im Herbst fingen wir für die Faschingsauftritte und das Varieté zu trainieren an, angeleitet von einer professionellen Tanzlehrerin. Zudem studierte sie das Tanzstück »Tom Cat« mit uns ein. Sie führte ein sehr strenges Regiment, aber sie hat uns viel beigebracht.

Weil es sich herumgesprochen hatte, dass wir eine tolle Prinzengarde sind, wurden wir zu vielen Faschingsbällen bis hin nach Wasserburg eingeladen. Bei den älteren Herren, mit denen wir nach dem Auftritt als Dank für die Einladung den Eröffnungstanz tanzen mussten, waren wir sehr begehrt. Ganze Nächte bis in den frühen Morgen habe ich in Bars gesessen, während ich gleichzeitig aufpasste, nicht betrunken zu werden und die Kontrolle zu behalten. Ich hatte keine Lust, vom Barhocker zu fallen.

Drei Jahre ging das so, bis zu dem Tag, an dem ich Wendelin kennenlernte, einen sehr schönen, hochgewachsenen Mann, lustig und gescheit. Wir verliebten uns sehr ineinander, was wir bald vor niemandem mehr verbergen konnten und wollten. Als Wendelin mich zum ersten Mal von zu Hause abholen wollte, ging Mutter zur Tür, kam zurück und sagte erschrocken: »Da draußen steht oaner, der hat nach dir gefragt, der schaut aus wie a Zigeiner.« Ja, das konnte man tatsächlich denken, denn Wendelin hatte dichtes, pechschwarzes Haar, das auch etwas zu lang war, jedenfalls für die ältere Generation. Beide Eltern taten sich anfangs schwer mit diesem so anders aussehenden jungen Mann. Es war mir nicht erlaubt, ihn mitzunehmen in mein Zimmer. Es könnte, so ihre Begründung, ja passieren, dass sie wegen des Verdachts auf Kuppelei angezeigt würden. Ich sei immerhin nur in Pflege und nicht adoptiert.

Vor allem Mutter hatte Angst davor, ich könnte schwanger und dann von Wendelin verlassen werden. Ich hatte ja selber Angst, schwanger zu werden. Zwar gab es die Pille ja schon, nur war sie für mich noch unerreichbar. Mit Wendelin konnte ich über all das sprechen. Ich konnte aber auch sehr viel lachen mit ihm. Ich lernte seine Freunde kennen und er die meinen. Wir gingen auf Partys, was sehr neu für uns war. Treffen konnten wir uns nur samstags und sonntags. Wir machten ausgedehnte Spaziergänge, um anschließend in unser Lieblingscafé zu gehen, wo man auch tanzen konnte. Unter der Woche konnten wir nur hin und wieder vom Telefon unserer Chefs aus kurz miteinander sprechen. Weder seine noch meine Eltern hatten ein Telefon.

Wendelin war das jüngste von neun Kindern. Alle seine Geschwister nannten ihn Wendy, was mir sehr gefiel. Seine Mutter war gestorben, als er neun Jahre alt war, und sein Vater hatte ein zweites Mal geheiratet, eine Frau, die von keinem seiner Kinder gemocht wurde. Der Vater arbeitete im Wald, um die Familie zu versorgen. Wendy erzählte mir von der Armut, die sich am schlimmsten am Heiligabend zeigte, wenn unterm Christbaum nur vereinzelt ein paar Weihnachtspakete lagen. Wendys Vater war sehr gläubig und streng mit seinen Kindern, doch gleichzeitig fürsorglich und aufgeschlossen. Er hatte die schönsten hellblauen Augen, die ich je gesehen habe. Zu mir war er sehr freundlich und auch etwas verschmitzt. Wenn er Geburtstag hatte, lud er alle seine Kinder und Enkelkinder ein und nach dem Essen wurden die aus der sudetendeutschen Heimat mitgebrachten Lieder gesungen. Wendys Schwestern und Brüder hatten sehr schöne Stimmen und bald traute ich mich, mitzusingen.

Mutters Tod

Es war nicht mehr Winter und auch noch nicht Frühling, als sich etwas ereignete, das unsere Familie wie ein Schlag mit der Keule traf. Am 27. Februar 1967, einem Montag, verließen die Eltern wie immer gegen 6.30 Uhr das Haus, um gemeinsam in ihre Arbeit nach München zu fahren. Mutter, die jetzt ja die Hausbesitzerin war und schnellstens mit der Renovierung beginnen wollte, hatte sich entschieden, eine Arbeit als Lagerhelferin anzunehmen, um die Renovierung bezahlen zu können – und zwar bei derselben Firma, in der Vater seit Langem arbeitete.

Ein lauer, unangenehmer Föhn war am Sonntag über das Land gezogen, leckte bis in den Montag hinein am alten Schnee und ließ auf den Wegen kleine Bächlein unter den Eisplatten entstehen. Ich begab mich um kurz vor 8 Uhr, nachdem ich sämtliche Betten gemacht und das Frühstücksgeschirr abgeräumt und gespült hatte, auf den Weg zu Arnolds. Dort öffnete ich wie jeden Tag erst mal die Fenster, um frische Luft hereinzulassen, als das Telefon klingelte und mir eine Frauenstimme mitteilte, dass Mutter einen Schlaganfall erlitten hatte und mit dem »Sanker«, dem Rettungswagen, ins Schwabinger Krankenhaus gebracht worden war. Vater sei mitgefahren. Es war die Sekretärin. Sie bat mich, sofort nach München zu kommen und am Ostbahnhof auf Vater zu warten. Ich merkte, wie mein Körper schwer wurde und die Beine nachgaben, als könnten sie mein Gewicht nicht mehr tragen.

Ich informierte meinen Chef, der verständnisvoll reagierte. Auf dem Weg zum Bahnhof schaute ich noch schnell in der Apotheke bei meiner Freundin Renate vorbei, um ihr von dem Vorfall zu berichten. Sie erkannte wohl an meinem Gesichtsausdruck, dass ich mich mit Schuldgefühlen herumplagte, weil ich am Sonntagabend noch einen heftigen Streit mit Mutter gehabt hatte. Renate tröstete mich, versicherte mir eindringlich, dass ich ganz bestimmt nicht schuld sei an dem, was passiert war. Ihr Zuspruch machte mich ruhiger und nahm mir ein wenig von der Panik, die sich in meinem Kopf breitgemacht hatte. Renate war etwas älter und selbstständiger als ich. Meine Familiengeschichte und all die Schwierigkeiten kannte sie. Während unserer gemeinsamen Bergwanderungen hatte ich ihr viel erzählt.

Im Zug nach München dachte ich unentwegt an meinen Freund Wendy, den ich gerade erst kennengelernt hatte und in den ich sehr verliebt war. Es gab keine Möglichkeit, ihn zu erreichen. Ich musste mich jetzt zusammennehmen und einen klaren Kopf bewahren. Alles andere musste warten. Ich war so froh, dass ich ihn hatte, dass wir zusammenhielten und dass wir Vertrauen zueinander hatten.

Am Ostbahnhof erwartete mich ein kreidebleicher Vater. Er fuhr uns mit dem firmeneigenen Kleintransporter zum Schwabinger Krankenhaus. Unterwegs fragte ich, was passiert sei. »Sie ist vom Stuhl gefallen. Die Leute im Büro haben erst noch gelacht«, sagte er, »bis sie kapierten, dass es ernst war.« Im Krankenhaus angekommen lief Vater schnurstracks in Richtung OP-Abteilung, ich fünf Meter hinterher, so, als gehörten wir gar nicht zusammen. Dort warteten wir schweigend. Die Flügeltüren sollten sich öffnen, der Arzt sollte herauskommen und uns mitteilen, dass alles in Ordnung sei. Das hofften wir.

Ein Arzt erschien auch. Er sagte etwas von einer Herzoperation, dass aber wenig Hoffnung bestünde und der Föhn das Ganze noch erschwere. »Wir werden sie jetzt auf die Intensivstation bringen, dann sehen wir weiter. Bleiben Sie hier, warten Sie hier«, sagte er und verschwand.

Minuten später öffneten sich die Flügeltüren erneut, ein Bett wurde herausgeschoben, in dem Mutter mit rasselndem Atem und vielen Schläuchen in tiefer Bewusstlosigkeit lag. Wie zwei Traumwandler liefen wir hinterher, bis uns jemand bat, jetzt nach Hause zu gehen und morgen wiederzukommen. Beklommen verließen wir das Krankenhaus und fuhren wortlos heim.

Manfred, der mit seiner Familie schon in Ulm lebte, war inzwischen ebenfalls informiert worden und hatte den nächsten Zug nach München genommen. Als er gegen 20 Uhr bei uns in Grafing ankam, brachte er uns weinend die Botschaft mit, dass er Mutter nur noch tot angetroffen hatte. Sie war nur 53 Jahre alt geworden. Vater und ich standen da wie zwei verlassene Kinder. Erst allmählich lösten wir uns aus diesem Zustand der Hilflosigkeit und Ohnmacht und begannen, über die bevorstehenden Aufgaben zu sprechen.

Am nächsten Morgen machte sich Vater auf den Weg zur Druckerei Hausser, um eine Sterbeanzeige aufzugeben und ein Sterbebildchen drucken zu lassen, wie es in Bayern üblich ist. Manfred ging zum Pfarramt, um Rosenkranz- und Trauergottesdiensttermin festzulegen. Ich wurde zum Gärtner geschickt, um Blumen und einen Kranz zu bestellen.

Damit wir die auf uns zukommenden Rechnungen begleichen konnten – bei uns wurde immer alles sofort und bar bezahlt –, musste Mutters Schreibtisch geöffnet werden. Darin bewahrte sie sämtliche Mieteinnahmen auf, dazu ihrer beider Löhne und auch meine 80 Mark, die ich monatlich abgeben musste. Den Schreibtisch hatte sie sich gewünscht, nachdem sie das Haus geerbt hatte, und Vater hatte ihn eines Tages von seiner Firma mitgebracht.

Niemand wusste, wo der Schlüssel war. Wir sahen in den zahllosen Krügen nach, hoben Blumenstöcke im Blumenkasten hoch und durchsuchten auch den ehrwürdigen Herrgottswinkel. Irgendwann holte Vater einen dicken Schraubenzieher herbei, in der Absicht, das Schreibtischschloss aufzubrechen. Plötzlich kam Manfred, der die Suche noch nicht aufgegeben hatte, und hielt den Schlüssel in der Hand. Wir schlossen den Schreibtisch auf, nahmen die Geldkassette heraus und mussten feststellen, dass auch diese abgeschlossen war. Fragend schauten zwei Augenpaare auf mich, so, als wüsste ich, wo sich der Schlüssel dafür befindet. »Ich habe keine Ahnung«, brachte ich hervor. Es dauerte dann noch eine Weile, bis auch dieses Rätsel gelöst war. Der

Kassettenschlüssel lag in einem Fach links im Schreibtisch. Kaum war die Kassette aufgeschlossen, trafen mich erneut fragende Blicke, denn in der Kassette lagen nur ein paar Scheine. »Wo ist das ganze Geld?« »Ich weiß es nicht«, stammelte ich. Auch wenn ich all die Jahre jeden Monat das Wasser- und das Stromgeld bei den Mietern eingesammelt, die Beträge in ein Büchlein eingetragen und das Geld Mutter auf den Schreibtisch gelegt hatte, so wusste ich doch noch lange nicht, was danach damit geschah. Das hatte mich auch nicht zu interessieren. Also hatte ich nicht die geringste Ahnung, wo das Geld geblieben war. Im Nachhinein stellte sich heraus, dass sie das meiste davon zur Bank getragen hatte. Ich hatte jedenfalls nichts damit zu tun. Eine Entschuldigung, mich verdächtigt zu haben, blieb aus.

Beerdigung

Sehr viele Menschen kamen zu Mutters Requiem in die Stadtpfarrkirche und zur anschließenden Beerdigung auf dem neu angelegten Waldfriedhof. Vater und Manfred hatten dort einen schönen Grabplatz gekauft, der jetzt einem Blumenmeer glich. Immerhin stammte Mutter ja aus einer angesehenen Familie, war also sehr bekannt. Und beliebt war sie auch gewesen.

Wir waren gespannt, wer von ihren Geschwistern kommen würde, hatten sie doch jahrelang kein Wort miteinander gesprochen. Ich war natürlich ganz besonders neugierig darauf, ob auch Mutters Bruder Schorsch, also mein Nicht-mehr-Onkel, sondern mein Vater, kommen würde, um ihr die letzte Ehre zu erweisen. Ja, ihre beiden Geschwister waren anwesend. Der Abstand zu Vater, Manfred und mir war allerdings beträchtlich, so als gehörten sie nicht wirklich zu uns. Dafür entdeckte ich meinen Liebsten unter den Trauergästen, was alles etwas leichter machte. Ich wich nicht von Vaters und Manfreds Seite. Wir standen am offenen Grab und ließen alles still geschehen.

Nachdem der Herr Stadtpfarrer, Vater sprach ihn mit »Hochwürden« an, die letzten Worte gesprochen und den letzten Segen für die Verstorbene und alle Trauergäste erteilt hatte, löste sich die Trauergemeinde langsam auf. Vater, Manfred und ich waren die letzten, die die Grabstätte mit ihren vielen Blumen und Kränzen verließen.

Das traditionelle Totenmahl fand beim Grandauer statt, Vaters Lieblingsgaststätte am Marktplatz. Viele Cousins und Cousinen von Mutter und ein paar wenige Leute aus Vaters Verwandtschaft saßen bereits an den Tischen, als wir den Gastraum betraten. Mutters Geschwister waren nicht hier. Meine naive Erwartung, jetzt sei die Zeit gekommen, um die Feindschaften zu beenden, erfüllte sich nicht.

So saßen wir mit den zweit- und drittgradigen Verwandten zusammen, aßen Weißwürste mit Senf und frischen Brezen, die Männer tranken Weißbier und die Frauen Säfte und Kaffee. Alle redeten kreuz und quer. Onkel Hans, ein Cousin von Mutter aus der Schwaiger-Verwandtschaft, fragte mich plötzlich unvermittelt: »Kennst du eigentlich dei Muadda?« Völlig überfahren quetschte ich ein »Nein« hervor. »I kon mi no guad an die erinnern, des war a saubas Weib.« Und zu seinem Gegenüber, einem weiteren Cousin, gewandt, sagte er: »Du host die doch a kennt, oder? War des ned a Schauspielerin?« Wäre ich nicht gesessen, hätte es mich umgehauen. Ich war so angespannt, dass ich am liebsten zu schreien angefangen hätte. Ich fühlte mich durch diese unverblümten Äußerungen sehr in die Enge getrieben. Doch gut erzogen, wie ich nun mal war, riss ich mich zusammen. Die Gäste hatten zu reden aufgehört. Auch Vater zeigte sich betreten. Ich war ungewollt in den Mittelpunkt geraten. Einerseits wäre ich am liebsten weggelaufen, andererseits war ich noch nie so nah dran gewesen an meiner leiblichen Mutter. Doch da ergriff Tante Irmi das Wort und sagte aufgebracht zu ihrem Bruder: »Jetzt hörst aber auf, des langt jetzt.«

Damit war das Thema beendet, so als hätte es es gar nicht gegeben. Wieder einmal war ein Hebel umgelegt und das kleine Licht, das zu Erkenntnis hätte führen können, erloschen. Die Gemüter beruhigten sich, man kehrte zurück zum Unverfänglichen. Meine Erregung ebbte ab.

Diesmal hatte ich noch nicht den Mut gehabt, die Wahrheit über meine Herkunft einzufordern. Auch wenn die Zeit noch nicht reif war, so wusste ich doch eines ganz sicher: Lockerlassen würde ich nicht mehr.

Sakrament, schon wieder ein Testament

Nach dem Grandauer luden wir die, die noch etwas Zeit hatten und den Wunsch verspürten, noch länger beieinander zu sein, zu uns in die Griesstraße ein. Auch Wendelin, der sich bisher im Hintergrund gehalten hatte, kam mit. Er half mir, Kaffee zu kochen und für die Gäste eine Brotzeit herzurichten. Es war eine angenehme Atmosphäre. Bevor sich Wendelin dann verabschiedete, nahm ihn Vater zur Seite und sagte mit ernster Miene zu ihm: »Wenn du die Gisela nimmer mogst, dann kommst zu mir. Ich will des wissen, die Gisela hat nämlich scho so viel mitgmacht.«

Am Abend, als wir, Vater, Manfred und ich, wieder alleine waren, sagte Vater, dass es doch ein Testament geben müsse. Ich war überrascht. »Wer macht denn schon in so jungen Jahren sein Testament?« War das der Grund, warum ihr Schreibtisch immer verschlossen war?

Es dauerte nicht lange, bis Vater ein großes, braunes Kuvert aus dem Schreibtisch gefischt hatte, auf dem in Mutters schöner Handschrift »Testament« stand.

Ich weiß nicht mehr, wer das Kuvert zum Nachlassgericht nach Ebersberg brachte. Jedenfalls kam wenige Wochen später die Vorladung zur Testamentseröffnung. Manfred war wieder aus Ulm angereist und fuhr mit Vater nach Ebersberg. Ich war nicht vorgeladen worden. Ich empfand deswegen keinen Zorn, eher Scham.

Stunden später standen die beiden wieder im Wohnzimmer und berichteten, was im Testament stand. Mutter hatte ihren Sohn Manfred zum Alleinerben erklärt. Vater, nun Witwer, bekam das Wohnrecht im Haus auf Lebenszeit. Sollte er jedoch noch einmal heiraten, würde dieses Recht erlöschen. Von mir war im Testament überhaupt nicht die Rede. Ich empfand das als

Unrecht. Da waren doch drei in der Familie übrig, zwei bekamen etwas, eine bekam nichts.

Was hat sich Mutter bloß dabei gedacht? Dass ich zu meinem leiblichen Vater gehen kann, wenn ich etwas haben will? Hat sie denn nicht gewusst, dass vor dem 23. Mai 1949 unehelich geborene Kinder nicht einmal einen Pflichtteilanspruch gegenüber ihren leiblichen Eltern haben? Vater sah mich mit seinen großen grauen Augen durchdringend an, sagte aber nichts. So schwiegen wir beide. Wir waren und blieben die Parias in der Familie. Wir waren und blieben die Habenichtse.

Hätten sich in diesem Moment meine Gefühle in Form von Gerüchen Bahn gebrochen, wären wir alle drei in einem Sumpf von Gestank versunken. Dabei gehörte ich gar nicht zu den Menschen, die wegen jeder Kleinigkeit gleich eifersüchtig reagierten. Mutter hatte ihren Sohn Manfred schon immer bevorzugt.

Die Erben-Linie hatte klargemacht, wer dazugehört und wer nicht, welches Blut in welchen Adern fließt, egal wie dick oder dünn die Adern auch sind. Ich war es einfach nicht wert, etwas vom großen Kuchen abzubekommen. Das tat schon mächtig weh.

Manfred reiste wieder ab, er brauchte Zeit, wie er sagte, um zu entscheiden, ob er mit seiner Familie nach Grafing zurückkehren wollte. Eine entscheidende Rolle bei seinen Überlegungen spielte sicherlich die Tatsache, dass Onkel Benno und Tante Toni sich zu Wort gemeldet und Manfred zu einem Gespräch gebeten hatten. Sie sagten ihm, es sei an der Zeit, an die Übergabe von Café samt Konditorei zu denken. Als ich davon erfuhr, war meine erste Reaktion: »Wenn Manfred auch das noch alles bekäme, dann wäre er ein reicher Mann.« Ich fühlte mich wieder beschämt, und immer wenn ich mich beschämt fühlte, schwieg ich. Ich wollte nicht zeigen, wie weh es tut, wenn man in dieser Weise ausgeschlossen wird und niemand auch nur auf den Gedanken kommt, es gäbe überhaupt etwas zu erklären. War es vielleicht meine verschwundene leibliche Mutter, deren zweifelhafter Charakter auf mich abgefärbt haben könnte, was ihnen ein solches Verhalten erlaubte? Ich jedenfalls wollte in meinem Leben mit niemandem so etwas machen.

Bald nach Kriegsende hatte man mit der Arbeit an einem Grundgesetz für die neue Bundesrepublik begonnen. Dabei wurde es, warum auch immer, unterlassen, eine Übergangsregelung hinsichtlich des Erbrechts für unehelich geborene Kinder wie mich zu schaffen. Das heißt, nicht nur ich, sondern alle im Krieg und kurz danach unehelich geborenen Kinder gingen leer aus.

Teil 3

Die Zeit danach

Nach Mutters Tod lebten Vater und ich vorerst weiter in unserer Wohnung. Manfred war fair. Er wusste noch nicht, ob und wenn ja wann er nach Grafing zurückkehren würde. So lange konnten wir auf jeden Fall bleiben und mussten auch keine Miete zahlen. Das war schon mal gut.

Unser Alltag veränderte sich radikal. Die Renovierungsarbeiten wurden von heute auf morgen eingestellt. Vater und ich rührten keine Schaufel, keinen Pickel, keinen Schubkarren mehr an. Wie hatten wir zupacken müssen in all den Jahren, nachdem Mutter das Haus 1958 geerbt hatte. Diese Tyrannei war zu Ende.

Mutter hatte Toni Hermanns Familie und die Frau mit ihrem halslosen Sohn aufgefordert auszuziehen, weil sie das Haus renovieren wollte, was auch dringend notwendig war.

Ein Grafinger Baumeister, ein Schulfreund Mutters, hatte einen Kostenplan erstellt und die Vorgehensweise skizziert. Nach und nach sollten sämtliche Fensterstöcke erneuert und sämtliche Böden herausgerissen werden. Um all das zu finanzieren, hatte sich Mutter wie erwähnt Arbeit in Vaters Münchner Firma gesucht. Für die Renovierungsarbeiten opferten Vater und ich unsere Sommerurlaube und viele, viele Samstage. Die Tage, die ich mir gerne für kleine Bergtouren freigehalten hätte, gingen mehr und mehr flöten. Ich musste die verfaulten Bodenbretter und die herausgeschlagenen Brocken der alten Fensterstöcke mit dem Schubkarren bis in die letzte Gartenecke schieben und dort auf einem Haufen zusammenschmeißen. Zwar sorgte Mutter jedes Mal für eine gute Brotzeit, doch auf das Gefühl, am Abend zehn Zentimeter längere Arme zu haben, hätte ich gerne verzichtet. Manfred war nie da. Das hat mich schon geärgert.

Und jetzt hatte das plötzlich alles aufgehört. Der Stillstand tat uns gut. Vater, der fast jeden Sonntag den besten Schweinsbraten und den besten Kartoffelsalat der Welt zubereitet hatte, hatte jetzt nur noch selten Lust zu kochen. Also gingen wir sonntags zum Grandauer und als die Tage wärmer wurden, spazierten wir die vier Kilometer zur Schlosswirtschaft nach Unterelkofen und genossen unter schattenspendenden Kastanienbäumen unser Sonntagsmahl.

Vater nutzte diese Spaziergänge, um mit mir über Verschiedenes zu sprechen. Auch mal vom überstandenen Krieg, von der Schlacht um Stalingrad, bei der er dabei gewesen war, und, so seine Worte, auf alles geschossen hatte, was sich bewegte, um nicht selbst erschossen zu werden. Von einem General Paulus, der freiwillig kapitulierte, um den Wahnsinn zu beenden.

Ja, Vater war zugänglicher geworden. Immer hatte die Arbeit an erster Stelle gestanden, nie war für etwas anderes Zeit gewesen. Wir kamen uns näher. Wir zeigten uns einander, indem wir miteinander redeten. Was wir beide allerdings vermieden, war, über das Testament zu sprechen und darüber, wie es weitergehen würde mit uns.

Deswegen weiß ich auch nicht, ob er sich durch das Testament gekränkt fühlte. Hatte doch gerade er durch seinen Fleiß und seine Zuverlässigkeit Manfred und mir, die wir ja beide nicht seine Kinder waren, ein geordnetes und sicheres Dasein ermöglicht. Er war sich gewiss über seine Position innerhalb der Familie im Klaren gewesen, denn der Chef blieb Mutter bis zum Schluss. Mit Sarkasmus und einem zutiefst schwarzen Humor schützte er sich vor Streit und Angriffen. Das war seine Überlebensstrategie.

»Gisela«, so sagte Vater irgendwann, »wir müssen überlegen, was mit all den Kleidern, Schuhen und Hüten und Taschen passieren soll.« Ein paar von Mutters Freundinnen hätten Interesse gezeigt. Er bat mich, die Vorbereitung der Sachen und die Verteilung zu übernehmen, weil er davon nichts verstünde. Und Manfred war ja sowieso nicht da. Also musste ich mich kümmern. Wer sonst?

Beim Sichten von Mutters Sachen merkte ich, dass es auch schön sein kann, ihre Kleider, Schuhe und Taschen zu verschenken und damit anderen eine Freude zu machen. In Mutters Wäschekommode war ein Schächtelchen mit einem Aquamarinring aufbewahrt. Diesen Ring, so hatte mir Mutter versprochen, als ich ungefähr 15 Jahre alt war, würde ich zu meiner Hochzeit bekommen. Daran erinnerte ich mich jetzt und freute mich. Ihren anderen Ring, einen Granat, hatte Mutter Manfreds Frau geschenkt, als sie Manfred heiratete. Beide Ringe waren Erbstücke aus der Familie Weilnböck.

Der knallrote Kalender

Während ich noch darüber nachdachte, was mit all der Wäsche von Mutter geschehen soll, entdeckte ich einen kleinen, knallroten Taschenkalender, der meine Aufmerksamkeit auf sich zog. Ich nahm ihn aus der Kommodenschublade, ließ die Blätter zwischen Daumen und Zeigefinger durchlaufen, las flüchtig die Einträge und hielt plötzlich inne. »Da stand doch was von Rio«, schoss es mir durch den Kopf. Ich blätterte zurück und tatsächlich, da war die Adresse einer Frau in Rio de Janeiro notiert. Der Familienname griechisch. Kein Zweifel, das musste die Adresse meiner leiblichen Mutter sein. Dass sie einen Griechen geheiratet hatte und mit ihm gleich nach dem Krieg ausgewandert war, das hatte ich irgendwann einmal aufgeschnappt. Der rote Kalender war von 1955 und jetzt schrieben wir das Jahr 1967.

Wieso nur wurde mir immer schlecht, wenn ich mit der Frage nach meiner Mutter konfrontiert wurde? Wird sie noch leben? Denkt die überhaupt noch an mich? Wie sieht sie wohl aus? Hab ich vielleicht noch Geschwister? Ich hatte überhaupt nur selten den Mut gehabt, zu fragen, wer meine Mutter ist und wo sie steckt. Wann immer das Thema aufgekommen war, war mir so etwas vermittelt worden wie: »Das kann nur ein schlechter Mensch sein.« Und genau diesen »schlechten Menschen« wollte ich, allen eigenen Widerständen zum Trotz, kennenlernen und ihn fragen: »Warum hast du mich verlassen?«

Der braune Brief

Es fehlten noch wenige Monate bis zu meiner Volljährigkeit, als mich erneut eine Überraschung erwartete: Vater holte ein braunes DIN-A5-Kuvert aus Mutters Schreibtisch und übergab es mir mit ernster Miene. Mit trockener Stimme sagte er: »Dieser Brief ist für dich. Du solltest ihn eigentlich erst an deinem 21. Geburtstag erhalten, aber, da nun alles anders gekommen ist, will ich ihn dir heute schon geben. Die paar Wochen bis zu deinem Geburtstag spielen jetzt auch keine Rolle mehr.« Über den Inhalt sagte Vater nichts. Unsicher nahm ich den Umschlag, öffnete ihn in Zeitlupe und zog ein vergilbtes Dokument heraus. Die Schrift war verblasst und nur schwer zu lesen. Und da war er wieder, der Name meiner leiblichen Mutter, den ich schon im roten Taschenkalender entdeckt hatte. Erzählt hatte ich niemandem davon. Hier fand ich außerdem die Namen ihrer Eltern, deren Geburtsdaten und deren Adresse. Unten rechts stand der Namen ihres griechischen Mannes. Auf der Rückseite war mein Name samt Geburtsdatum vermerkt. Dieses Dokument war auf den 11. Juni 1956 datiert und handschriftlich von meiner leiblichen Mutter unterschrieben.

Vater, der mir wortlos zugeschaut hatte, beendete die Szene, indem er sagte: »Sie lebt in Rio de Janeiro.« Weder er noch ich konnten in diesen Moment weitersprechen. Ich ging in mein Zimmer und las das Dokument wieder und wieder.

»Rio de Janeiro. Ist das nicht die schönste Stadt der Welt?« Die Bilder und Berichte über die Reichen und Schönen, die sich am Strand der Copacabana räkeln, kannte ich aus der Illustrierten »Quick« und vor allem aus »Das goldene Blatt«, das ich jeden Sonntag für Mutter am Bahnhofskiosk hatte kaufen müssen, zusammen mit Vaters Wochenkarte nach München und seinen

»North State«-Zigaretten. Insofern war mir die Copacabana mit ihrer luxuriösen Avenida Atlantica nicht unbekannt.

»Was? Die sollen dort leben, wo die Reichen sind? Sie in Rio de Janeiro und ich Depp hier in diesem Misthaufenbauerndorf?« So ging es hin und her in meinem Kopf. Was sollte ich denn jetzt tun? Irgendwas war doch hier faul. Einerseits wollte ich mich unbedingt auf das Abenteuer einlassen, meine Mutter zu treffen. Andererseits lähmte mich die Furcht davor, von ihr zurückgewiesen oder sogar verleugnet zu werden.

Zu meinem Glück hatte ich jetzt einen Freund, dem ich vertraute und mit dem ich über meine neue Situation und meine inneren Kämpfe sprechen konnte. Er riet mir, noch etwas zu warten und keine voreiligen Entschlüsse zu fassen. »Jetzt hat es so lange gedauert, bis du wusstest, wo deine Mutter ist. Schreib ihr doch einfach, vielleicht gibt sie ja ein Lebenszeichen von sich. Ich fände es auf jeden Fall spannend. Ich würde es ausprobieren, wenn ich du wäre.« Ach, war das alles aufregend. Vielleicht stimmte auch die Adresse nicht mehr, schließlich war das Dokument von 1956, jetzt war 1967. Da konnte allerhand passiert sein. Ein Umzug, ihr Tod oder sonst was.

Während ich mir also noch etwas Zeit für meinen ersten Brief ließ, ging der Sommer ins Land. Mit unserem wenigen ersparten Geld kauften Wendelin und ich uns einen gebrauchten VW mit Schiebedach und Radio, machten schöne Ausflüge und waren sehr glücklich. Das Geburtstagsdatum meiner Mutter behielt ich im Auge. Je näher es heranrückte, um so klarer wurde mein Plan. Ich hatte vor, ihr zum Geburtstag zu gratulieren und sie bei dieser Gelegenheit gleich zu fragen, ob sie sich an mich erinnert und warum sie mich damals nicht mitgenommen hat. Also kaufte ich eine Geburtstagskarte und schrieb genau das auf die Karte, was ich längst in meinem Kopf formuliert hatte. Dann steckte ich die Karte in ein Luftpostkuvert. Ich bat sie auch, falls sie mir antworten wollte, ihren Brief postlagernd an mich zu senden. Weil ich nicht wusste, was ein Luftpostbrief nach Brasilien kostete, radelte ich zum Postamt und gab diesen allerersten Brief mit Herzklopfen auf.

Vater sagte ich vorerst nichts davon, weil ich ihn nicht verletzen wollte. Sollte der Brief aus unerfindlichen Gründen erst gar nicht ankommen oder sollte er nie beantwortet werden, hätte es mir leid getan, ihm davon erzählt zu haben. Und außerdem hatte ich auch Angst davor, ich könnte mich mal wieder bis auf die Knochen blamieren und wie ein Idiot dastehen. Obwohl, von heute aus gesehen hätte Vater meinen Versuch, meine Mutter zu finden, sicher respektiert.

Die Post nach Brasilien brauchte laut Postamt ungefähr drei Wochen. Würde sie gleich zurückschreiben, kämen noch einmal drei Wochen dazu. Ich musste wohl etwas Geduld haben. Aber was waren schon sechs Wochen oder zwei Monate im Vergleich zu 20 Jahren? Immer mal wieder rief ich beim Postamt an, um nachzufragen, ob ein Brief aus Brasilien für mich angekommen wäre. Die Antwort lautete jedes Mal nein. Nach einer längeren Pause rief ich erneut an und zu meiner Überraschung fragte mich der Postbeamte jetzt: »Wer sind Sie denn? Am Telefon kann ich Ihnen keine Auskunft geben, da müssen Sie schon selbst vorbeikommen.« Es gelang mir dann doch noch, ihm am Telefon wenigstens ein »Ja« oder »Nein« zu entlocken. Ja, es lägen drei Briefe für mich zum Abholen bereit, die ich aber nur unter Vorlage meines Personalausweises ausgehändigt bekäme. »Gleich drei Briefe?«, fragte ich mich. Meine Post musste bei ihr wie ein Blitz eingeschlagen haben. Mit erhöhtem Blutdruck stürmte ich mit dem Fahrrad meiner Freundin Renate in Richtung Postamt, legte meinen Ausweis vor, wartete und hatte kurz darauf drei Luftpostbriefe mit gelb-grün gestreiftem Rand in der Hand. Jetzt konnte ich das Fahrrad nur noch schieben, so sehr zitterten meine Knie. Weil ich es nicht aushielt, setzte ich mich auf eine Bank auf dem Kinderspielplatz, schnaufte tief durch und öffnete den ersten Brief. Er war von der Person, die mich geboren hatte.

Am 10. Oktober 1967 schrieb meine leibliche Mutter:

Meine liebe Gisela !
Nein, es ist zu schön um wahr zu sein, daß Du geschrieben hast. Natürlich erinnere ich mich an Dich. Ich habe sehr viel an Dich gedacht. Deine Schwester und mein Mann freuen sich eben so sehr. Wir wollen alle, daß Du kommst. Mein Mann zahlt die Reise und er wird Dich adoptieren. Christina hat vor kurzem geheiratet und Du kannst in ihrem Zimmer schlafen. Sie hat viele Freunde und da kannst Du abends manchmal hin gehen. Mein Mann holt Dich mit seinem Wagen ab. Monica ist erst 9 Jahre alt; sie braucht noch nicht zu wissen. Sie glaubt Du bist ihre Cousine. Aber sie hat so Sehnsucht nach Onkel und Tanten. Sie fragt mich immer, ob sie keine Verwandten hat. Sie will Dir auch schreiben. Alle freuen wir uns wenn Du kommst. Ich kann kaum schreiben, so erschüttert bin ich.
Laß bald etwas von Dir hören.
Viele Grüße und Küsse
Deine Mutter

Der überaus freundliche Brief war wie ein Überfall. Mich adoptieren? Ich war 21 Jahre alt. Adoptiert werden wollte ich gewiss nicht. In die verhaltene Freude, dass sie sich so sehr um mich bemühte, mischte sich eine Portion Skepsis.

Gleich darauf öffnete ich den Brief ihres Mannes Dimitrios Anastassiu. Er schrieb auf Firmenbriefpapier mit schwungvoller Schönschrift in gebrochenem Deutsch Folgendes:

Liebe Tochter Gisela *Rio de Janeiro 14.10.67*

Mit großer Freude haben wir Deinen Brief erhalten, wo wir so lange gewartet haben. Interessant ist, dass er gerade auf den Geburtstag Deiner Mutter angekommen ist. So kannst Du Dir vorstellen unsere Freude. Wir haben uns gewundert über den intelligenten Weg, den Du genommen hast, um unsere Adresse zu finden und für die Zusammenstellung Deines großartigen Briefes.

Gisela schreib bitte sofort etwas von Deinem Leben. Es spielt keine Rolle ob gut oder schlecht, den wir wollen alles mögliche machen, dass Du für immer zu uns kommst. Brasilien ist ein herzliches Land wo die Sonne von früh bis abends lacht und der Strand ist immer voll von Menschen. Außerdem warten auf Dich Deine Schwestern Christina und Monica. Fehlst Du also noch in unserer Familie, welche die Familie komplettiert. Dann schreib uns für Papiere Du brauchst für Deine Reise nach Brasilien, damit es nicht zu lange dauert und nicht vergessen Fotografien zu schicken.
So verbleiben wir und warten auf Deine Antwort
Viele Küsse
Dimitrios Anastassiu

Wieder war ich angenehm überrascht, hatte ich doch nicht mit so vielen Freundlichkeiten gerechnet, aber ein gewisses Misstrauen konnte ich auch nicht verhehlen. Ich dachte: »Die tun Jahre nichts und jetzt überschlagen sie sich.« Unwillkürlich musste ich an Aristoteles Onassis denken, der ja bekannt war für seine Großzügigkeit. Es war, als hätte Onassis persönlich mir geschrieben. Auch die vielen Küsse irritierten mich. »Die kennen mich doch gar nicht, das ist wohl so üblich in Brasilien.« Bei uns zu Hause waren Küsse nicht üblich, und ich küsste nur Wendelin.

Der dritte Brief war von Christina und Monica, so hießen, wie ich gerade erfahren hatte, meine beiden brasilianischen Halbschwestern.

Meine liebe Schwester

Komm!
Bis 13 Jahre war ich allein. Dann ist die Monica gekommen. Und jetzt weiß ich daß ich noch eine Schwester habe. Wie schön. Natürlich hast Du schon gemerkt, daß ich überhaupt nich Deutsch schreiben kann, aber was wichtig ist, ist das Du weist wie wir Dich gerne haben und wie froh wir sein

würden wenn Du kommst. Ich bin seit 2 Monaten verheiratet und wir gehen viel aus. Dann gehst Du mit uns, tá? Tá – im Volksmund will das heissen: Nich?

Und die neunjährige Monica schreibt:

Liebe Gisela
ich möchte so gerne dich sehen und das du wohnst mit uns. Christina hat geheiratet, und ich bin allein. Ein Kuss Monica

Ich blieb noch eine Weile auf der Spielplatzbank sitzen. Jetzt wusste ich, dass meine Mutter lebte, dass es stimmte, dass sie mit einem Griechen nach Brasilien ausgewandert war und in Rio de Janeiro an der Copacabana wohnte. Seltsam, es schien alles ganz normal zu sein, so als hätten sie alles richtig gemacht. Sie freuten sich, dass sie endlich etwas von mir hörten, so als hätten sie die ganze Zeit darauf gewartet. Sie taten so, als hätten sie *mich* gefunden und nicht ich *sie*. Das empörte mich. Ihr Überschwang freute mich einerseits und gleichzeitig irritierte er mich, ich fand ihn übertrieben und nicht ganz ehrlich. Die Frage, warum sie mich damals aus dem vom Krieg zerstörten Deutschland nicht mitgenommen hatten in dieses schöne Land, stand groß vor mir. Und auf diese Frage wollte ich eine Antwort haben.

Die Brasilianer

Eine Flut von grün-gelb gestreiften Luftpostbriefen flatterte in den folgenden Wochen und Monaten zu mir nach Hause. Die kleine Monica schreibt, dass sie sich über meinen Adventskalender sehr gefreut hat und traurig ist, dass Christina, seit sie verheiratet ist, woanders wohnt. Und dass ihr Papa mit ihr eine Puppenstube gebastelt hat, die klein ist und eine Lampe hat, die man anmachen kann. »Papa schenkt mir jede Woche eine Schachtel Pralinen, wo ich nur eine pro Tag essen darf.«

Christina schreibt, dass sie mit Wagner verheiratet und überglücklich ist. »Mehr geht nicht.«

Meine Mutter überschlägt sich mit Nettigkeiten, während sie gleichzeitig ihren Status hervorhebt. Wie sie sich freut, wenn der »Portier« ihr einen hellblauen Luftpostbrief von mir überreicht. Sie schreibt, dass sie nach Deutschland kommen wird, um sich mit mir stolz in Grafing zu zeigen. Sie schwärmt geradezu von mir. Auf die für mich so wichtige Frage, warum sie mich nicht mitgenommen hat, sondern mich in einem Heim zurückließ, schreibt sie, dass Christinas Vater gestorben sei und mein Vater ihr klargemacht hätte, sie nicht heiraten zu können. »Deswegen habe ich ein Dach über deinen Kopf suchen müssen.«

Aha – Christina hat also einen anderen Vater. Gibt es da noch eine andere Geschichte?

Christina ist sehr neugierig und will alles wissen von mir. Von meiner Existenz hatte sie keine Ahnung. »Elisabeth«, und sie meint damit unsere Mutter, »hat nie etwas von dir erzählt.« Um so größer ist ihre Neugierde und sie findet es schade, dass wir uns erst jetzt kennenlernen.

Meine Mutter, die ich ab jetzt so wie Christina bei ihrem Namen Elisabeth nenne, erzählt von Christinas reichem Schwiegervater, der den beiden zur Hochzeit ein »Apartamento« geschenkt hat und die Möbel gleich dazu. Dass Christina und Wagner studieren und nebenher Geld durch Modeln verdienen, das sie für meine Reise nach Brasilien auf die Seite legen. Alles, was sie erzählt, schillert.

Christina war es, die mir die ersten Fotos schickte: von Elisabeth, wie sie unter einer Palme aufreizend und wie ein Hollywoodstar posiert. Ich war überrascht: Das ist meine Mutter? So eine schöne Frau? Was ich auch dachte: »Ja, die sollen nur sparen für meine Reise. Das ist das Mindeste. Ich werde sie jedenfalls nicht bezahlen.«

Ich, die ich in so einfachen Verhältnissen aufgewachsen war und jetzt für meinen Unterhalt selbst sorgte, war schockiert angesichts des Luxus und der Selbstverständlichkeit, mit der die Brasilianer darüber schrieben. Wenn die wüssten …

Nachdem Monate ins Land gegangen waren und sie noch immer wegen Geldknappheit keine Reise für mich gebucht hatten, wurde mir klar, dass sie wohl eine Angeberfamilie waren. Christina wehrt sich auch in ihren Briefen. Sie seien keine reichen Leute. Sie vergleicht sich mit Freunden, die viel, viel reicher seien. Dass es normal sei in Brasilien, dass jede »Dona« (als die Frau des Hauses), ob arm oder reich, eine »Empregada« (ein Hausmädchen) hätte. »Studieren«, so schreibt sie, »ist hier nichts Besonderes. Die Universität ist umsonst und jeder hat einen Doktortitel.«

Elisabeth meinte dazu, dass Christina ein wenig übertreibt, wenn sie schreibt, dass jeder, der auf der Uni ist, auch einen Doktortitel hat, und dass auch nicht jede Familie sich Hauspersonal leisten könnte. Sie schickte mir Bilder aus Modejournalen, in denen Christina mit oder ohne Wagner die neueste Mode vorzeigte. Beide sahen sehr gut aus und machten damit neben ihrem Uni-Besuch gutes Geld. Ein Modeschöpfer, so Elisabeth, wollte aus Christina eine »brasilianische Ursula Andress« machen.

Je mehr »meine« Brasilianerinnen aufdrehten, um so skeptischer wurde ich. Da sie aber offenbar auch nicht logen, sondern alles nur übertrieben, machten sie mich umso neugieriger. Christinas Briefe waren mir gegenüber sehr herzlich. Sie betonte jedes Mal, dass sie mich unbedingt kennenlernen will. Sie war es auch, die mir bald schon erzählte, dass Elisabeth zwei Jahre zuvor, also vor meinem Erscheinen, eine schwere Psychose gehabt hatte und in eine Klinik eingeliefert werden musste.

Ich war sehr froh, dass ich diese Krise nicht ausgelöst haben konnte. Trotzdem wurde ich das Gefühl nicht ganz los, dass sie doch etwas mit mir zu tun haben könnte.

Monate später schreibt Elisabeth voller Stolz nur noch von Christina und Wagner (der in der Modewelt nur »Richard Wagner« genannt würde), die demnächst im Fernsehen zu sehen sein würden. Und von Interviews, in denen Christina als »klassische griechische Rasse« bezeichnet würde. Wie bitte? Die spinnen doch.

Auf meine Briefe, in denen ich erklärte, dass ich zu meinem Vater keinen Kontakt hätte und er auch kein Zeichen geben würde, mit mir Kontakt haben zu wollen, obwohl er gleich gegenüber wohne, reagiert Elisabeth verbogen. Sie schiebt die Schuld auf seine Frau, was mir nie in den Sinn gekommen war, auch wenn in Grafing so manche »Ratschkathl« ähnlich daherredete. Elisabeth hatte auf alles eine Antwort und immer waren andere schuld, nicht sie. So wollte ich nicht abgespeist werden. Jede unbefriedigende Antwort löste neue Fragen in mir aus. Es wurde zunehmend spannender.

Unruhige Zeit

DIE ANFÄNGLICHE FREUDE, endlich mehr über meine Mutter zu erfahren und sie womöglich in Kürze kennenlernen zu können, flaute ab. Ihre fast liebevollen Briefe, die ein baldiges Treffen mit mir buchstäblich herbeizusehnen schienen, ließen mich zwar weiter von einer Reise nach Rio träumen, aber immer dann, wenn es ernst wurde, kam etwas dazwischen. Mal war es die horrende Inflation des Cruzeiro, mal die Auftragsschwäche Dimitris und die damit verbundene Geldnot, weswegen die Reisepläne verschoben werden mussten. Meine Fantasien, mit Wendy demnächst an der Copacabana zu liegen und die tropische Sonne zu genießen – wir hatten beide noch nie das Meer gesehen –, platzten wie Seifenblasen. Irgendetwas konnte da doch nicht stimmen. Wendy und ich, die wir ja beide in keinster Weise verwöhnt waren, fanden uns vorläufig damit ab. Es war mir unmöglich festzustellen, ob das alles nur Ausreden waren oder ob Elisabeth mein plötzliches Auftauchen in Angst und Schrecken versetzt hatte und sie deshalb nicht in der Lage war, ihr Versprechen einzulösen. Ihre Briefe voller Beteuerungen, wie schön alles sein würde, wenn ich endlich bei ihr wäre, hatten etwas Künstliches, Unechtes, so als müsste sie etwas verbergen und verhindern. All das machte mich eher noch neugieriger. So leicht wollte ich es ihr nicht machen. »Ihr Versprechen muss sie einlösen, das ist sie mir schuldig.«

All die hochfliegenden brasilianischen Pläne hielten Wendy und mich nicht davon ab, jung verliebt wie wir waren, in unserer Freizeit Ausflüge und Wanderungen in den Bergen zu machen und das Leben zu genießen.

Eines Tages stellte Vater mir eine Frau vor und teilte mir mit, dass er sie heiraten würde. Seit Mutters Tod waren eineinhalb Jahre vergangen. Ich kannte Vaters Freundin Agnes vom Sehen. Sie war ungefähr im selben Alter wie er und ich mochte sie.

Ich sah ihm an, dass er glücklich war. Er wurde weicher und ich erlebte noch einmal eine neue Seite an ihm. Ich brauchte mir nun keine Sorgen mehr zu machen, wie das alles weitergehen würde mit ihm und mir. Vorerst kümmerte ich mich weiter um den Haushalt und die Wäsche, kaufte ein und machte das Essen. Er unterstützte mich dabei. Sein sonntägliches Tatar und seinen Kaffee, den er allabendlich nach dem Essen einnahm, sollte ich weiterhin für ihn zubereiten und ihm servieren. Darauf legte er großen Wert. Kleine Gesten, die ihm viel bedeuteten. Wendy, dem er anfangs mit Misstrauen und auch etwas Eifersucht begegnet war, vertraute er inzwischen mehr.

Im Herbst 1968 zog Vater zu Agnes in ihr kleines Häuschen und lud mich und Wendy zu seiner Hochzeit ein. Beide strahlten wie ein frisch verliebtes Paar. Den Aquamarinring, den meine Pflegemutter mir zu meiner Hochzeit versprochen hatte, hatte Vater jetzt seiner Frau Agnes geschenkt.

Die zwei kauften sich ein gebrauchtes, knallrotes Opel Coupé und waren nur noch unterwegs. Ab und zu luden sie Wendy und mich sonntags zum Mittagessen ein. Wie schön fand Vater es, endlich in Rente zu sein, von Renovierungsarbeiten weit entfernt, und alle viere von sich strecken zu können.

Für mich war es entlastend, ihn so froh zu sehen und ihm nicht mehr den Haushalt führen zu müssen. Das erlaubte mir, meinen schon lange gehegten Wunsch zu verfolgen, den Grafinger Mief hinter mir zu lassen und beruflich weiterzukommen. Immerhin arbeitete man in München bereits mit einem Hollerithsystem, dem Vorläufer der elektronischen Datenverarbeitung. Bei Arnolds herrschte noch das Durchschreibebuchhaltungssystem.

Vater wusste inzwischen, dass ich mit meiner Mutter brieflich in Verbindung stand, dass ich nach Rio eingeladen worden war und »große Freude« in ihrer Familie ausgelöst hatte. Er warnte mich, nicht zu viel zu erwarten. »Die Frau«, meine leibliche Mutter, war ihm immer schon suspekt gewesen. Eine Mutter, die abhaut und ihr Kind im Heim lässt, »des kon nix Gscheids sei«.

Manfred und Onkel Benno

Während meiner ersten Kontakte nach Brasilien standen auch in Grafing bedeutsame Veränderungen bevor. Nach Mutters Tod war Onkel Benno zu Manfred nach Ulm gereist, um mit ihm über die Möglichkeiten einer Übernahme seines Cafés am Marktplatz zu sprechen. Manfred hat sich sicher geehrt gefühlt. In gewisser Weise lief alles darauf hinaus, dass Onkel Benno und Tante Toni in Manfred ihren Nachfolger sahen, hatte er doch bei ihnen gelernt und hatten sie selbst doch keine eigenen Kinder. Ausgesprochen worden war das allerdings bisher nie. Manfred bat um Bedenkzeit. Schließlich hatte er eine sehr gute Stelle als Konditormeister im renommierten Ulmer »Café am Münsterplatz«. Auch musste natürlich seine Frau Marianne, für die das eine extreme Veränderung ihrer Lebensumstände bedeuten würde, einverstanden sein. Irgendwann hieß es, Manfred und Marianne hätten eingewilligt.

Vater war ja ausgezogen und die Wohnung folglich frei für Manfred und seine Familie. Ich durfte bis auf Weiteres in Großvaters Zimmer bleiben und musste keine Miete an Manfred zahlen, was irgendwie auch das Mindeste war.

Dass Manfred von seiner Mutter alles erben würde, hatte ich geahnt. Dass alles einmal so schnell gehen würde, hatte ich nicht geahnt. Manfred war ihr leiblicher Sohn aus erster Ehe und ihn hatte sie über die schweren Kriegsjahre retten können. Ihr erster Mann war ja im Krieg geblieben und ihren Sohn Horsti hatte sie bei dem Unglück mit der Handgranate verloren.

Dass Manfred jetzt eine zweite riesige Chance bekam, außer dem Haus seiner Mutter auch noch das Café am Marktplatz zu erben, tat schon weh. Es blieb zwar alles in der »Familie«, nur mich, die ich ja auch Teil dieser Familie war, hatten sie mal wieder übersehen. Mal wieder sah ich mich an den Rand gedrängt.

Wie lange es dauerte, bis der große Umzugswagen aus Ulm und Manfred mit Frau und Kind vor dem Haus in der Griesstraße 12 standen, habe ich vergessen. Mir ging es jedenfalls, wie so oft, viel zu schnell.

Ich staunte nicht schlecht, als plötzlich Tante Toni in der Wohnung herumschwirrte, so als wäre es das Selbstverständlichste der Welt, und beim Aus- und Einräumen half. In ihrer schnippischen Art fing sie gleich an, alle herumzukommandieren. Seit dem Testamentsstreit mit ihrer Schwester Lisbeth war sie hier nicht mehr gesehen worden. Und jetzt dieser Eifer.

Mit den Hirsch- und Gämsengeweihen, die bis dahin unser ehemaliges Wohnzimmer geschmückt und es dadurch wie ein Jagdzimmer hatten aussehen lassen, konnte Manfred nichts anfangen. Er und seine Frau hatten eine völlig andere Vorstellung von ihrem neuen Zuhause. Ich sehe Manfred noch heute armweise die übereinandergestapelten Geweihe über die Straße in das Haus seines Onkels, meines leiblichen Vaters, tragen. Auch wenn ich kein Interesse an diesen Trophäen hatte, so registrierte ich doch mit Erstaunen die neue Harmonie in der Verwandtschaft. War die jahrelange Sprachlosigkeit jetzt plötzlich überwunden? Drückte sich hier die Solidarität der Habenden aus?

Kaum war Manfred fertig eingezogen, wurde er auch schon zum Tortenbacken beordert. Es sollte ja nahtlos weitergehen. Onkel Benno und Tante Toni blieben vorläufig weiter die Chefs im Café. Einen Vertrag gab es noch nicht.

In der Wohnung wollte Manfred nicht auf Dauer bleiben, er wollte den großen Speicher ausbauen. Er bestellte einen Architekten, der erste Entwürfe machte. Mit dem Speicherausbau konnte aber erst begonnen werden, nachdem das alte, knarzende Holztreppenhaus durch neue Steintreppen ersetzt worden war. Wieder gab es wochenlang Staub und Krach – und ich mittendrin. Zum Glück verfügte das Haus bereits über Wasserklosetts, wahrscheinlich wäre Manfred sonst gar nicht erst eingezogen.

Inzwischen hatte auch Marianne angefangen, stundenweise im Café zu arbeiten. Sie half im Laden, im Café und in der Küche. Es dauerte allerdings nicht lange, bis der Haussegen in Schieflage geriet. Marianne beschwerte sich zu Hause zunehmend über Tonis Kommandoton. Mit Onkel Benno kam sie gut aus, aber Tante Tonis herrschsüchtige Art ging ihr sehr gegen den Strich. Manfreds sagte nur: »Die ist halt so. Du musst dir nicht so viel dabei denken.« Aber das half nichts. Eines Tages schmiss Marianne hin: Sie band ihre Servierschürze ab, warf sie voller Zorn auf den Tisch im Flur und verließ das Café mit den Worten: »Mir reicht's jetzt, ihr werdet mich hier nie wieder sehen.«

Das war's. Manfred hielt es noch ein bisschen länger aus. Aber auch er war bald so weit, dass er so nicht weitermachen wollte. Die beiden beschlossen, nach reiflicher Überlegung und Gesprächen mit der Bank, sich im Haus in der Griesstraße selbstständig zu machen, eine Backstube zu bauen und einen eigenen Laden. Seine Mutter Lisbeth hatte eine solche Lösung schon vor Jahren als Möglichkeit in Betracht gezogen, »wenn das mit den Fischers und dem Café nicht klappt«.

Kein leichter Entschluss, aber Manfred und Marianne packten es an und fühlten sich besser. Ich wollte jetzt nicht länger bleiben, sondern mir mit Wendy unser eigenes Leben gestalten. Es war einfach an der Zeit. Leid tat es mir um meine Grafinger Freundschaften und auch um den wunderbaren Garten, der sich mit so vielen Kindheitserinnerungen verband.

Wir besuchten Manfred und Marianne hin und wieder. Manfred arbeitete in seinem eigenen Meisterbetrieb wie ein Berserker. Marianne war für den Laden zuständig. Die Arbeit machte ihr Spaß.

Im Sommer 1992 starb Manfred plötzlich – im 53. Lebensjahr. Ich war schockiert. Heute denke ich, dass sich nicht nur Manfred übernommen hat. Immer nur arbeiten, wenig Vergnügen, keine Ruhephasen, kein Urlaub, dazu die familiären Spannungen, das Nichtsprechen – das alles war höchst ungesund und schon seiner Mutter, meiner Pflegemutter, zum Verhängnis geworden.

Ich selbst ging letztlich auf der ganzen Linie leer aus: Weder wurde ich berücksichtigt, als es nach Tante Tonis und Onkel Bennos Tod um das Erbe des (ehemaligen) Cafés am Marktplatz sowie ihres Alterssitzes in Straußdorf ging, noch als das große Wohnhaus meines leiblichen Vaters vererbt wurde.

Verlobung, Heirat, Kind

WENDY UND ICH VERLOBTEN UNS. Sich zu verloben gehörte zu den gesellschaftlichen Gepflogenheiten. Wer zusammenbleiben und später heiraten wollte, verlobte sich zuerst. Wir sahen das eigentlich nicht so streng, hatten aber Lust, unsere Liebe öffentlich zu machen. Die Brasilianer zeigten sich begeistert und wollten unbedingt die Verlobungsringe spendieren. Sie kündigten telefonisch an, die Ringe in ein dickes Modejournal zu wickeln und per Post zu schicken in der Hoffnung, dass sie unterwegs nicht gestohlen würden. Sie kamen zu spät.

Meine Freundin Renate und ihr Freund Brian richteten unsere Verlobung aus. Wir feierten in den Wohnräumen, die zur Marien-Apotheke gehörten, in der Renate als Apothekenhelferin arbeitete. Die Apotheke hatten ihr Schwager Heinz und ihre Schwester Evi gepachtet. Es wurde ein fröhliches, ausgelassenes Fest, zu dem alle unsere Freunde eingeladen und auch gekommen waren. Ich hatte mir ein sexy Minikleid dafür gekauft und auch Wendy war sehr fesch. Aus den nicht rechtzeitig angekommenen Verlobungsringen machten wir uns nichts. Wir nahmen mit den Ringen der Wohnzimmergardinen vorlieb und hatten unseren Spaß. Ich war glücklich, Wendy war glücklich, und Renate und Brian waren glücklich, weil wir so glücklich waren. Es war einfach toll.

Es dauerte nicht lange und ich war schwanger. Wir »mussten« also schleunigst heiraten. Wendy, der seine Wehrpflicht bei der Bundeswehr in Landsberg am Lech absolvierte und nur an seinen freien Wochenenden nach Hause kam, versuchte, in Landsberg eine Bundeswehrwohnung für uns zu bekommen, was ihm auch gelang. Zeitgleich organisierten wir unsere Hochzeitfeier. Wir legten den Tag fest und luden Freunde und Verwandte ein. Ein Freund von Wendy, Metzger und zukünftiger Wirt, richtete in der elterlichen Wirtschaft alles schön her und bereitete ein Festmahl vor. Ein wunderbarer Herbsttag umrahmte die schöne Feier. Vater war mit Agnes gekommen, dazu Wendys sämtliche Geschwister mit ihren Familien. Manfred und seine Frau Marianne hatten »keine Zeit«. Wenige Tage vor der Hochzeit hatte Wendelin, nachdem er sich mit einem Whiskey Mut angetrunken hatte, meinen leiblichen Vater persönlich eingeladen. Der aber sagte zu Wendy, er würde nicht kommen, wenn mein Pflegevater auch anwesend wäre. Was für eine Ausrede! Und meine Mutter in Rio, die sich mit mir in Grafing hatte zeigen wollen, hatte plötzlich Angst vorm Fliegen.

All dessen ungeachtet feierten wir ein ausgelassenes Fest mit Live-Musik und Tanz. Den Hochzeitswalzer zu tanzen hatte ich Wendy beigebracht. Später jazzten Wendy und sein Bruder Heinz ein Satchmo-Stück ins Mikro, und als dann Wendys Vater mit seinen Kindern die Lieder aus der Heimat anstimmte, wurde es andächtig still und es flossen auch ein paar Tränen. Dann ging es weiter bis Mitternacht mit Singen, Erzählen und Gaudimachen. Ein paar Freunde begleiteten uns nach Hause in die Griesstraße, wo es aussah wie auf einer Baustelle. Während Wendy mich über die Schwelle trug, sangen sie: »Ach du lieber Wendelin, Wendelin, ach du lieber Wendelin, alles ist hin.«

Wie gerne hätte ich meinen Kindheits-Toni an diesem Tag dabei gehabt. Doch Toni war, selbst schon verheiratet und Vater, kurz zuvor mit dem Moped tödlich verunglückt. Frau Hermann, seine Mutter, hatte schon, als wir gerade mal vier oder fünf Jahre alt waren, immer zu uns gesagt: »Ihr zwei werdet bestimmt mal heiraten.«

Sieben Monate nach der Hochzeit brachte ich einen gesunden Buben zur Welt. Unser Glück war vollkommen. Vorerst wohnten wir noch in meinem Zimmer in der Griesstraße. Dann kam der Umzug nach Landsberg am Lech. Ich packte unsere paar Habseligkeiten zusammen. Dazu gehörten auch etliche Bücher, die zu lesen ich nie Zeit gefunden hatte. Ich wollte die ersten drei Jahre nur für die Familie da sein, also würde ich auch endlich Zeit haben, zu lesen. Geri war ein lebendiges, lustiges Kind und vor allem ein leidenschaftlicher Esser. Ich spielte viel mit ihm. Wendy hatte ihm ein buntes, hölzernes Schaukelpferdchen gebaut, das er liebte, und ich machte täglich, sofern das Wetter schön war, eine Spazierfahrt mit ihm, auch um unsere neue Umgebung zu erkunden. Zu Dienstschluss erwarteten Geri und ich Wendy anfangs vor der Kaserne, später durften wir ihn in seiner »Stube« abholen, und wir gingen gemeinsam nach Hause.

Wendy hatte sich auf zwei weitere Jahre bei der Bundeswehr verpflichtet, was für mich bedeutete, wochenlang mit dem Kind alleine zu sein. Zu Manövern und Ausbildungszeiten an anderen Orten kamen Wachdienste an so manchem Wochenende. Ich lernte, was es bedeutet, Soldatenfrau zu sein. Wendy war nicht gerne Soldat und manchmal regelrecht verzweifelt. Er hasste die Schreiereien auf dem Kasernenhof. Es kamen Kameraden von Wendy zu uns nach Hause und wir redeten über Krieg, übers Totschießen auf Befehl, über den vergangenen Krieg, der in unseren Familien nie zum Thema geworden war, über die momentane weltpolitische Lage, über den verheerenden Vietnamkrieg, der seit Jahren tobte. Den Wehrdienst zu verweigern, dazu war Wendy noch nicht in der Lage, er hatte sich ja auf zusätzliche zwei Jahre verpflichtet, um unser Auskommen zu sichern. Wir hielten also diese beiden Jahre noch durch. Im Sommer 1972 verließen wir Landsberg. Wendys Militärzeit war zu Ende. Etwas Neues begann. Mal wieder.

Mehr Schein als Sein

Die grün-gelb gestreifte Briefflut riss nicht ab. Zugleich wuchs meine Skepsis, ob das alles überhaupt noch einen Sinn hatte. Von den Brasilianern wurden weiter Reise-Kartenhäuser gebaut, die nach kurzer Zeit wieder in sich zusammenfielen. Dimitri wollte mir plötzlich eine goldene Uhr schenken und fantasierte von Apartamentos, die er Christina, Monica und natürlich auch mir unbedingt spendieren wollte.

Elisabeth träumte derweil von deutschen Wiesen und Blumen, sie hätte die Copacabana satt. Und, so ihre Worte: »Als ich in Brasilien ankam, wurde ich gefragt, ob ich eine Schauspielerin sei«, und weiter, »davon ist aber nur eine Krone übrig geblieben.« Was immer das auch heißen sollte. Fantastereien ohne Ende.

Ein weiteres Mal schlug sie mit voller Überzeugung vor, dass wir, Wendy, Geri und ich, nach Brasilien kommen und dort leben sollten. Von was und wie, das sagte sie nicht. Da war von den besten Schulen für ihre Töchter die Rede, von Klavierunterricht, von Hausmädchen, die putzen, waschen und das Essen zubereiten. Etwas in mir wehrte sich jedes Mal, wenn ich solche Zeilen zu lesen bekam.

Eine gewisse Hochnäsigkeit gegenüber ihren »Empregadas«, die aus den »Favelas«, den Armenbehausungen am Rande der Großstädte, kamen, ließ sich nicht verbergen. Brasiliens weiße Rasse war sogar davon überzeugt, etwas Gutes zu tun. Taten dies doch alle, die sich's leisten konnten. Und die Sklavenzeit in Brasilien war seit 13. Mai 1888 beendet. Immerhin bekamen diese Menschen einen Lohn für ihre Arbeit. Zwar sehr wenig, aber besser als nichts.

Das wollte ich eines schönen Tages selbst sehen und erleben, mir meine eigene Meinung bilden und Fragen dazu beantwortet wissen. Die unreflektierte Selbstverständlichkeit, wie damit umgegangen wurde, irritierte mich und machte mich unruhig. Ich wollte mehr über die brasilianische Sklaverei erfahren.

Und es geht weiter. Christina bekommt ein Apartamento von ihrer Schwiegermutter und ein Klavier. »Die spielen offenbar alle Klavier«, dachte ich. Christina schreibt mir, dass sie eifersüchtig auf mein Baby sei, weil sie selbst doch auch schon längst darauf warte, schwanger zu werden. Christinas Briefe haben mehr Nähe und Wärme als die der anderen. Sie bringt mir Brasilien auf eine sehr schöne Art nahe. Sie erzählt, was wirklich in ihrem Land passiert. Sie schreibt von der extremen Armut und der hohen Drogenkriminalität, die in den Favelas herrscht. Von korrupten Politikern, die wie die Raben stehlen. Es ist schön, solch eine Schwester zu haben. Umso mehr freue ich mich auf den Tag, an dem wir uns sehen und über alles sprechen werden.

Ihr Babywunsch ging bald in Erfüllung. Jetzt wollte auch sie nur noch »Mãe«, Mama, sein.

Elisabeth bittet mich, ihr »Burda«-Hefte zu schicken, weil sie »Mäntel à la Chanel« stricken und verkaufen will, um für meine Reise zu sparen. Und all das ist mit freundlichster Tinte geschrieben.

Sie schwärmt einmal mehr von ihrer schönen Tochter Christina und von ihrem ebenso schönen und begabten Schwiegersohn Wagner, die gut situiert leben, auf Partys gehen und die neueste Mode in Magazinen zeigen.

Das letzte Reise-Strohfeuer lag schon etwas weiter zurück, bevor es erneut aufflammte. Dann: Wieder einmal alles abgesagt. Wieder kein Geld und was weiß ich noch alles. Diesmal rebellierte ich, ich fühlte mich regelrecht hintergangen. »Ihr habt doch Angst vor mir.« Elisabeth schrieb mir daraufhin: »Ich bin erstaunt über deine Reaktion; man konnte doch immer so schön mit dir reden.«

Ingolstadt und Neufahrn

Wendys Bundeswehr-Freund Helfried hatte Wendy in der Nähe von Ingolstadt eine Arbeit besorgt. Helfried und seine Frau Anneliese waren wenige Monate vor uns nach Ingolstadt gezogen. Sie freuten sich, uns in ihrer Nähe zu haben, und halfen uns bei der Wohnungssuche. Wir tapezierten unser neues Zuhause mit den modernsten, riesig gemusterten Tapeten in allen erdenklichen Farben und Designs. Wir fühlten uns von Anfang an sehr wohl. Mit den jungen Hausbesitzern, Ida und Otto, die im Parterre wohnten, gab es ständig etwas zu feiern – Grillfeste, Partys und exzessive Weinproben. Wir waren sehr lebenslustig.

Geri ging zunächst in einen streng katholisch geführten Kindergarten mit Klosterschwestern. Eines Tages zur Osterzeit kam er verängstigt nach Hause und erzählte schauerliche Geschichten von einem »Herrn Karodes« (Herodes), der alle kleinen Kinder umbringt. Er wollte nicht mehr in diesen Kindergarten gehen. Das war's, nichts wie weg da.

Langsam ging es bei uns wirtschaftlich aufwärts. Wendy, der ebenso wie sein Freund Helfried vorhatte, wieder auf die Schule zu gehen, verdiente als Betonmischer viel Geld. Und ich bewarb mich bei einer Raiffeisen-Bank und bekam zum ersten Mal in meinem Leben ein anständiges Gehalt, und das auch noch dreizehneinhalb Mal im Jahr. Wir kauften uns einen neuen VW-Käfer, knallorange, und fuhren mit Wendys Schwester Marianne und ihrer Familie an die Costa Brava. Das erste Meer, das ich sah in meinem Leben, war also das Mittelmeer und nicht der Atlantik an der Copacabana.

Wir waren hingerissen von der Schönheit des Meeres und der Landschaft. Ich erlebte, wie mich das Salzwasser trug. Die romantischen Buchten, die Flora und Fauna und vor allem die Tavernen mit ihren fremdartigen Gerüchen, Speisen und Weinen, das alles beeindruckte uns zutiefst, hatten wir von der Welt doch noch nicht viel mitgekriegt. Wir wussten, dass Salvador Dali in der Port Lligat in Cadaques ein Haus hatte. Dieses sahen wir uns ebenso an wie das Salvador-Dali-Museum in Figueres. Ein weiterer Ausflug führte uns in die Antike, zu den Ruinen von Empuries mit all ihren zum Teil sehr gut erhaltenen Mosaiken aus der Römerzeit. Der Traum von der Copacabana verblasste.

1973 kehrte Wendy auf die Schulbank zurück und bezog Ausbildungsförderung für diese Zeit. Geri ging inzwischen in die Grundschule. Er hatte eine sehr nette junge Lehrerin und war ein aufgeweckter, wissbegieriger und guter Schüler. Es war deutlich zu spüren, dass sich in der Pädagogik vieles zum Guten verändert hatte. Zu schlagen war längst verboten, ebenso wie psychische Demütigungen vor versammelter Klasse. Beides kannten Wendy und ich aus unserer eigenen Schulzeit noch viel zu gut.

Als Wendy und Helfried die Technikerschule abgeschlossen hatten, schenkten Annelies und ich ihnen eine einwöchige Reise nach Paris, und zwar ohne uns Frauen.

Unterdessen hatte sich die Situation auf dem Arbeitsmarkt vollkommen verändert. Selbst in Ingolstadt und Umgebung, wo das Arbeitsangebot lange groß gewesen war, stellten Audi/NSU und große Firmen wie Schubert & Salzer oder die Ölraffinerie in Kösching niemanden mehr ein. Die durch die Ölkrise ausgelöste Rezession hatte Massenarbeitslosigkeit und einen Anwerbestopp zur Folge. Viele türkische Gastarbeiter packten ihre Koffer und kehrten zurück in ihre Heimat.

Wendelin musste sich umsehen. Er bewarb sich als Elektrotechniker beim Max-Planck-Institut für extraterrestrische Physik MPE in Garching. Es dauerte sehr lange, bis er zu einem ersten Vorstellungsgespräch eingeladen wurde. Jetzt erst wurde mir klar, dass Wendelin sich seinen Kindheitstraum, einmal mit Wissenschaftlern zu arbeiten, erfüllen wollte. Irgendwann bekam er tatsächlich eine Zusage, was ihn über alle Maßen freute. Ich war nicht begeistert, ich wollte weder meine gute Stelle aufgeben noch unsere Freunde verlassen. Auch würde Geri die Schule wechseln müssen.

Nach langer Suche fanden wir eine Wohnung in Neufahrn und zogen wieder mal um. Geri kam schnell zurecht in seiner neuen Umgebung und wir lernten neue Leute kennen, die uns zum Volleyball und zum gemeinsamen Kochen und Essen einluden. Das war prima und half mir, den Verlust meiner Ingolstädter Freunde etwas besser zu verkraften.

Von Wendy wusste ich, dass im MPE wissenschaftliche Aushilfskräfte gesucht wurden, und er vermittelte mich. Ich und zwei weitere Frauen hatten die Aufgabe, sogenannte »Gamma-Teilchen« zu selektieren: Ein Gammastrahlen-Satellit im Weltraum registrierte mit einem Detektor sämtliche Teilchenspuren, die im MPE auf riesigen Magnetspulen gespeichert wurden. Meine Kolleginnen und ich mussten aus all den Teilchenspuren nur die Gamma-Teilchen mit ihrer typischen Form per Mausklick herausfiltern. Das Ziel war, die erste »Gamma-Karte« der Milchstraße zu erstellen.

Die Arbeitsatmosphäre, die Zusammenarbeit mit den Wissenschaftlern, die großzügige Cafeteria inmitten von Grün, das alles gefiel mir sehr. Gleichzeitig war mir klar, dass ich einen Hilfsjob machte, der zwar angenehm war, mir aber geistig kaum etwas abverlangte und mich von meinem eigentlichen Beruf wegbrachte. Je länger ich hier sein würde, desto schwerer würde es für mich werden, in diesen zurückzukehren. Denn die Technologien entwickelten sich ja rasant weiter.

Meine erste Reise nach Rio de Janeiro 1982

IM JANUAR 1979 starb Dimitri nach kurzer, schwerer Krankheit. Mit ihm starb auch der letzte Rest an Hoffnung, zu der ewig versprochenen Reise nach Brasilien eingeladen zu werden. Elisabeth hatte geschrieben, dass Dimitri nur Schulden hinterlassen hätte, was letztlich nichts anderes bedeutete als: »Schmink dir ab, dass wir dir deine Reise bezahlen.« Seit meinem ersten Kontakt mit den Brasilianern, der so überschwänglich begonnen hatte, waren 15 Jahre vergangen.

Ich war in einem Maße niedergeschlagen, dass ich dachte, all das nicht mehr alleine bewältigen zu können. Auch familiär begann es schiefzugehen. Die vielen Umzüge, das häufige Alleinsein, während Wendy sich beruflich im Ausland verwirklichte, und meine eigene berufliche Ungewissheit setzten mir schwer zu. Immer kamen erst die anderen. Ich erfüllte alle Erwartungen, ich ertrug das ewige Hingehaltenwerden durch die abgehobenen Brasilianer und hatte dabei das Gefühl, fast zugrunde zu gehen. Ich musste unbedingt etwas für mich selbst tun. Ich musste einen Weg aus dem ganzen Schlamassel finden. Ich musste mich aus einer undefinierten Gefangenschaft befreien. Ich begann eine Therapie im Frauentherapiezentrum in München.

Irgendwann fing Elisabeth erneut an, hochfliegende Pläne bezüglich meiner Reise nach Rio zu schmieden. Es hätten sich neue Geldquellen aus Dimitris Teilhaberschaft an seiner Firma aufgetan. Eine weitere Luftnummer, wie sich herausstellen sollte.

Meine Schwester Christina, die kein Schindluder mit mir trieb, schrieb mir etwa zeitgleich, dass sie ein zweites Mal glücklich verheiratet sei und jetzt mit ihrer Familie in São Paulo leben würde. Und: Sie und unsere Schwester Monica hätten jeweils eine Wohnung etwas außerhalb von Rio gekauft. Angesichts der mehr als vagen Aussicht, eventuell, möglicherweise, im allerbesten Fall eine Reise nach Brasilien bezahlt zu bekommen, und der Tatsache, dass gleichzeitig mir nichts, dir nichts Apartamentos gekauft wurden, fühlte ich mich mal wieder zurückgestoßen und an meinen angestammten Platz zurückverwiesen.

Viele Gespräche mit meiner Therapeutin und mit Wendy, der das ganze Theater jahrelang ausgehalten hatte, bestärkten mich, die Sache mit der Reise jetzt selbst in die Hand zu nehmen, das hieß, sie selbst zu bezahlen, um meine leibliche Mutter wenigstens ein Mal zu sehen und ihr Fragen zu stellen.

Es war nach einer erhellenden Therapiestunde, als ich schnurstracks in ein Münchner Reisebüro ging, 100 Mark als Anzahlung auf den Tisch legte und ein Ticket nach Rio buchte. Dann schickte ich einen Brief an meine Mutter, in dem ich meine Reise ankündigte. Es war wirklich höchste Zeit, selbst herausfinden, wer diese Frau war, die mich geboren hatte und die ich nur von Fotos kannte.

Meine ungeliebte Arbeitsstelle bei einem Steuerberater war gekündigt, ich hatte mir einen neuen Reisepass besorgt, alle Hindernisse waren aus dem Weg geräumt. Ich hatte auch schon für alle Geschenke gekauft.

Am 9. September 1982 fuhr ich mit dem Zug nach Frankfurt, wo abends die Maschine der chilenischen Airline nach Rio und weiter nach Santiago de Chile starten sollte. Zum Glück hatte ich genügend Zeit, um mich am Flughafen zu orientieren und das richtige Gate zu finden. Es war schließlich der erste Flug meines Lebens. Geri und Wendy hatte ich versprochen, zu schreiben und sie auf dem Laufenden zu halten.

Der Take-off, das In-den-Sitz-gedrückt-Werden und das schnelle Steigen der Maschine euphorisierten mich. Jetzt gab es kein Zurück mehr. Bald wurde ein sehr feines Abendessen serviert, dazu Getränke nach Wahl. An Bord waren jede Menge Latinos und die Stimmung war südamerikanisch ausgelassen. Gegen Mitternacht wurde es still. Um 7 Uhr am nächsten Morgen weckte uns die gedämpfte Stimme des Flugkapitäns mit den Worten: »Wir befinden uns jetzt im Anflug auf Rio de Janeiro und drehen noch eine Schleife über die Copacabana.« Die Passagiere stürmten zu den kleinen Fenstern auf einer Seite, sie jubelten und klatschten, als sie den Zuckerhut und die große Copacabana-Bucht entdeckten. Ich war angesichts dieser Schönheit sprachlos, allerdings übertrug sich die Freude meiner Mitreisenden auch auf mich.

Nach der Landung: Passkontrolle und Warten auf das Gepäck. Ich war aufgeregt. Was wird mich da erwarten? Ich blickte gespannt hinüber zur Besucherhalle und dann sah ich sie auch schon. Christina, die zu meiner Freude aus São Paulo gekommen war, Monica mit ihren schwarzen Locken und Elisabeth in ihrer Mitte. Sie trug ihre Haare kurz, was mich irritierte. Auf den Fotos hatte sie immer gewelltes längeres Haar gehabt. Monica und Christina brachen in lauten Jubel aus und redeten wild drauflos. Sie umarmten und küssten mich stürmisch. Meine Mutter umarmte mich auch, wirkte aber etwas verängstigt. Sie hieß mich herzlich willkommen. Ich hörte ihre Stimme. »Diese Stimme kenne ich.« Seltsam. Das berührte mich sonderbar.

Monika verstaute meinen Koffer in ihrem Auto, während weiterhin ununterbrochen geredet und gelacht wurde. Christina sagte: »Du bist schön, du hast die grünen Augen von Elisabeth.« Und ich dachte: »Meine Mutter ist wirklich eine sehr schöne Frau«, und dann: »Das hat den Schorsch damals wahrscheinlich umgehauen.« So viele Komplimente wie jetzt am Flughafen von Rio hatte ich in meinem ganzen Leben noch nie gekriegt.

Auf der vierspurigen Autobahn in die Stadt herrschte sehr dichter Verkehr. Alle fuhren wie die Verrückten und wechselten die Spur, wie sie wollten. Plötzlich krachte es hinter uns. Ein Unfall? Ja, und auch unser Auto wurde leicht touchiert. Monica hielt an, stieg aus, besah sich den Schaden, stieg wieder ein und fuhr weiter, so wie auch alle anderen. Ich drehte mich um und sah einen Motorradfahrer neben seinem Motorrad liegen, der sich seinen Brustkorb hielt. Zwei Polizisten, die vor Ort waren, gaben Zeichen, weiterzufahren.

Favelas, so weit das Auge reichte. Christina hatte mir zwar von den Elendsvierteln schon viel erzählt, das alles selbst zu sehen war aber etwas ganz anderes.

Je näher wir der Atlantikküste kamen, desto weniger wurden die Favelas und desto schöner und reicher zeigte sich die Stadt. Plötzlich tauchte das gleißende Licht über dem Atlantik auf und gab den Blick auf den Zuckerhut frei. Monica bog in die Avenida Atlantica ein – und wir waren an der Copacabana! Den sich südlich anschließenden Strand von Ipanema musste mir Monica auch gleich noch zeigen. Erst danach fuhren wir in die »Cinco de Julho«, dorthin, wo all meine Briefe gelandet waren. Wir stiegen aus und wurden von dem höflichen Portier begrüßt. Monica gab ihm die Autoschlüssel, was so viel hieß wie: »Kümmere dich um mein Auto.«

Das Haus, in dem »meine« Brasilianer lebten, war ein »Edifisio«, ein vielstöckiges Gebäude, bewacht von Personal, das für alles, was die Bewohner betrifft, zuständig ist. Es nimmt zum Beispiel die Post in Empfang und wäscht die Autos und tankt sie auf. Ich kam aus dem Staunen gar nicht mehr heraus. All das wird mit nobler Geste und selbstverständlich erwartet. »Das«, so Christina, »ist hier ganz normal.« Mir zeigte es, dass ich in einer anderen Welt aufgewacht war.

In der großen Wohnung im siebten Stock angekommen, bekam ich Christinas ehemaliges Zimmer. Ich packte die ersten Sachen aus, während Christina einen Caipirinha als Willkommenstrunk zubereitete. Dieser Zuckerrohrschnaps mit Limetten und sehr viel Eis schmeckt äußerst verführerisch, vor allem bei tropischen Temperaturen. Christina warnte mich: »Meine liebe Schwester, so ein Caipirinha ist für uns Frauen sehr gefährlich, weil man schnell die Kontrolle verlieren kann.«

Wir drei Schwestern schafften es tatsächlich noch, an diesem ersten Nachmittag an die »Praia«, den Strand, zu gehen. Monica und Christina staffierten mich aus dafür: ein großes Strandtuch über der Brust zusammengebunden, darunter der Bikini und in der Hand ein spezielles Korbtäschchen für so notwendige Sachen wie Sonnenbrille, Spielkarten, etwas zum Lesen und ein paar Münzen für kalte Getränke. Bis zum Strand waren es zu Fuß höchstens zehn Minuten. Alle, die hier wohnten, gingen in ihren Badeklamotten zum Strand. Man musste nur die großzügig angelegte Prachtstraße Avenida Atlantica überqueren und schon war man da. Die Kulisse war berauschend. Und ist man erst einmal am Strand, hört man von dem starken Autoverkehr nichts mehr. Man fühlt sich wie auf einer Insel.

Tage später. Christina war wieder nach São Paulo abgereist, nicht ohne den dringenden Wunsch zu äußern, ich solle sie dort unbedingt besuchen kommen. Monica kam immer erst um Mitternacht nach Hause. Sie ging nämlich nach der Arbeit auf eine Schauspielschule, weil sie unbedingt Schauspielerin werden wollte. Außerdem war sie auch noch frisch verliebt. Ich war also in erster Linie auf mich selbst gestellt. Das empfand ich einerseits als ganz schön heftig, wieder hauten alle einfach ab, andererseits machte mich die Herausforderung, die große, lebhafte Stadt allein zu entdecken, sehr an.

Monica hatte einen Stadtplan für mich besorgt und mir die wichtigsten Verkehrswege erklärt, damit ich auch wieder heimfände. Vor allem hatte sie mich eindringlich davor gewarnt, in der Nähe von Favelas herumzuspazieren. Außerdem sollte ich keinen Schmuck tragen. Das würde mich vor Überfällen bewahren. »Oder hast du eine Boxer-Ausbildung?« »Na ja, auf meinen bescheidenen Schmuck werden sie wohl nicht scharf sein«, dachte ich.

Nun war ich auch mit meiner Mutter allein. Sie saß meist in einem Polstersessel in tropischem Design, ich empfand sie als noch schöner als auf den Fotos, die ich von ihr hatte. Sie »dozierte« über die »christliche Wissenschaft«. Mit mir etwas unternehmen, das wollte sie nicht. Wollte sie das deswegen nicht, weil sie jemanden hätte treffen können mit mir? Weil sie gefragt werden könnte, wer das denn sei an ihrer Seite? Es gäbe da eine große Ähnlichkeit...

Sie war eine flammende Anhängerin der »Christian Science«. Der Kern dieser Lehre ist es, sich zu »vergeistigen« und auf diese Weise Frieden zu finden. Das Problem für mich dabei war, dass diese mir bis dahin gänzlich unbekannte Organisation verbot, über Vergangenes zu sprechen. Dafür war ich doch gekommen! Die spezielle Bibel, die für die »Vergeistigung« nötig war, stammte von einer Mary Baker Eddy, die damit angeblich schon viele arme Seelen gerettet hatte. Ich dachte: »Da will wieder so eine Verrückte durch radikale Verdrängung ihre Seele retten.« Wollte meine Mutter vielleicht Buße tun für die Verfehlung, mich im Stich gelassen zu haben?

»Krankheit ist Sünde«, so die Bibelverfasserin zum Beispiel, »man darf nicht über Sünden sprechen.« Ich dachte: »Das kann ja heiter werden.«

Ich wollte jetzt aber erst mal die Stadt entdecken und das Viertel erkunden, in dem ich die nächsten Wochen leben würde. Ich hatte viel Zeit. Vielleicht würde ich erst in drei Monaten wieder abreisen. Ich merkte schnell, dass die Betreiber der rund um die Uhr geöffneten Eckkneipen, die mittags von hungrigen Arbeitern aufgesucht wurden, schon von Weitem sahen, dass ich eine Touristin, eine »Tourischta«, war. Sie scherzten mit mir, wenn ich einen frisch gepressten Saft bestellte und für eine Viertelstunde auf einem ihrer Barhocker ein Päuschen machte. Diese Eckbuden gehören zu Rio wie der Zuckerhut und der Corcovado, auf dem die überdimensionale Jesusfigur mit ausgebreiteten Armen steht. Ich fand die Brasilianer sehr relaxt und freundlich.

Die Straßenmärkte mit ihren Buden und ihren gigantischen Fischen, ihren Melonen-, Orangen-, Ananas- und Papaya-Pyramiden, all das war ein Genuss zu sehen. Ständig sollte ich von den süßen Früchten probieren. Dazwischen bettelten sehr arme Menschen mit oder ohne Krücken, teils auf selbst gebauten Rollbrettern, um eine paar Münzen. Ich sah Kinder, die in Pappkartons lebten, Erwachsene, die mit einem Sack über dem Kopf an Häuser gelehnt schliefen. Ich sah zum ersten Mal in meinem Leben nackte, brutale Armut und gleich daneben gut angezogene Leute. Niemand regte sich darüber auf. Es ging eine Gleichgültigkeit von ihnen allen aus. Jeder war mit seinem Kram beschäftigt.

Spätnachmittags ging ich an den Strand, an die Praia, genoss die Wärme und das Licht und überlegte, wie ich an meine Mutter herankommen könnte, die sich hinter ihrer christlichen Wissenschaft versteckte. Ich wollte sie ja nicht verletzen, sondern vernünftig mit ihr sprechen.

Ich kaufte mir gerne bei den fliegenden Händlern, die Kühlboxen mit eisgekühlten Getränken über der Schulter trugen und am Strand auf und ab gingen, eine Cola oder einen »Mate Lemon«.

Die schönen »Cariocas«, von denen die Welt immer spricht, es gibt sie wirklich. Selten habe ich so viele schöne Menschen an einem Ort gesehen. Die jungen, sonnengebräunten Frauen trugen wenig Stoff. Die Bikinis bedeckten gerade noch die Brustwarzen und der untere Bikiniteil war ein Dreieck, das von einer Schnur durch die Pobacken gehalten wurde. Und all das in den leuchtendsten Farben. Die Männer waren nicht weniger sexy mit ihren durchtrainierten Sonnenkörpern in knapp sitzenden Badehosen.

Gegen Abend, wenn die Sonne nicht mehr gar so grell vom Himmel brannte, begannen die Beachvolleyball-Spiele. Am liebsten hätte ich mitgespielt, blieb aber zurückhaltend. Und als dann die Musiker bei hereinbrechender Dunkelheit mit ihren fassgroßen Trommeln und ihren sandgefüllten Samba-Rasseln den Abend begrüßten und ich ihren vibrierenden Sound zum erstem Mal live erlebte, fühlte sich mein Leben sehr leicht an. Dieser Sound sank tief und ungeschützt in meine Herzkammer. Das andere Gefühl, das ich dabei hatte, war große Trauer darüber, dass meine Mutter mich niemals an diesen Strand und zu dieser Musik mitgenommen hatte, als ich Kind war. Dass mich meine Mutter nicht aus dem kriegsgebeutelten Deutschland mitgenommen und mich auch später nicht zu sich geholt hatte.

Monica nahm sich hin und wieder Zeit und zeigte mir die Stadt. Sie nahm mich mit zu ihrem Arbeitsplatz und stellte mich ihren Kollegen vor. Mit einigen gingen wir mittags zum Essen. Mehr als ein schneller Imbiss war zeitlich meistens nicht drin. Unbedingt zeigen wollte Monica mir den Hippie-Markt in Ipanema, wo viele handgefertigte Waren aus dem ganzen Land angeboten wurden. Die Stände waren voll mit bestickten Kissen und Tischdecken aus Bahia. Es gab Hosen, luftige Kleider und Röcke, Taschen aus Stoff, Bast und Leder, bunte Strandtücher, Schuhe und sehr viel Schmuck. Nach und nach tauschte ich die Kleider, die ich aus Deutschland mitgebracht hatte, gegen brasilianische Hippie-Kleidung.

Eines Morgens, ich saß mit Elisabeth beim Frühstück, fand ich den Zeitpunkt passend, sie nach ihrer Familie in Deutschland zu fragen, von der ich noch überhaupt nichts wusste. Ich fragte sie nach Eltern und Geschwistern, ob sie noch leben und wenn ja, wo. Erst wehrte sie sich mit dem Argument, dass die christliche Wissenschaft verbiete, über die Vergangenheit zu sprechen. Möglicherweise merkte sie aber, dass ich sie nicht zu irgendetwas drängen wollte, dass ich sie respektierte, trotz der seltsamen Ansichten, die sie vertrat. Jedenfalls, ich hatte Erfolg. Sie begann tatsächlich zum ersten Mal über die Zeit in Deutschland zu sprechen. Von ihrem Vater, der mit verstümmelten Händen aus dem Ersten Weltkrieg nach Hause gekommen war und sich nicht mal mehr sein Hemd zuknöpfen konnte, geschweige denn seine Schuhe binden. Von ihrer Mutter, die ein sehr strenges Regiment geführt, ihre acht Kinder mit Zuckerbrot und Peitsche erzogen und strengstens darauf geachtet hatte, dass sie nur die besten Noten nach Hause brachten.

Elisabeth erzählte auch, dass sie sehr große Angst vor ihrer Klavierlehrerin gehabt hätte. »Aha, Klavier hat sie auch gelernt. Bei mir war das nicht mal ein Thema«, dachte ich einmal mehr. Aber ich schwieg und hörte aufmerksam zu. Sie sprach fast mit einer Liebe von ihrer Heimat, von ihrem Vater, der so gern in seinem Garten war. Die Elisabeth, wie sie sich in ihren Briefen dargestellt hatte und über die ich mich immer wieder maßlos geärgert hatte, war wie weggeblasen. Sie zeigte sich verletzlich und ich merkte, dass ich mich sogar wohlfühlte in ihrer Nähe und mich ihre Ausstrahlung faszinierte. War es vielleicht der Klang ihrer Stimme, der mich so ergeben machte?

Christina

Nach all den Geschichten, die Elisabeth erzählt hatte, hatte ich jetzt das dringende Bedürfnis, Christina in São Paulo zu besuchen und mit ihr darüber zu sprechen. Mein Vorhaben traf mit dem Umstand zusammen, dass Monicas Freund Alfredo zu einem Therapeuten-Workshop nach São Paulo eingeladen worden war. Monica hatte vor, Alfredo zu begleiten. Deswegen fuhren wir alle zusammen. Monica kaufte die Bus-Tickets. An einem Freitag bestiegen wir gegen Mitternacht am Rodoviario, dem zentralen Busbahnhof für Reisen nach ganz Südamerika, einen luxuriösen Überlandbus. Nach sechsstündiger Fahrt erreichten wir bei Tagesanbruch die »Regiao Metropolitana de São Paulo«. Vorerst ging es vorbei an nie enden wollenden Favelas. Ich sah Menschen mit dunkler Hautfarbe, die vor ihren einfachen Behausungen an kleinen Feuern ihr Frühstück zubereiteten. Auch hier gab es eine erschreckende Armut vor den Zäunen weltbekannter Konzerne, deren luxuriöse Anlagen aussahen wie Golfplätze. Die wiederum wurden bewacht und gepflegt von Arbeitern, Parkwächtern und Gärtnern aus den Favelas. So ging das Kilometer um Kilometer, bevor das hochmoderne Zentrum von São Paulo mit seinen Wolkenkratzern auftauchte.

Angekommen am dortigen Rodoviario stiegen wir um in die Metro und dann noch schlaftrunken in ein Taxi, das uns über großzügige Stadtautobahnen zu Christinas neuem Zuhause brachte. Das war also São Paulo, eine hochmoderne Metropole, in der damals geschätzte 9 Millionen Menschen lebten. Eine Stadt, wie ich sie noch nie vorher gesehen hatte. In der City wirkte alles klinisch sauber und perfekt.

Christina wohnte mit ihrer Familie im 12. Stock eines modernen Hochhauses mit pompöser Eingangshalle, in der aufmerksames Wachpersonal für Sicherheit sorgte.

Christina und ihr Mann Wouter-Piter schliefen noch, aber die Kinder, Maria-Elisa und Pedro-Filipe, empfingen uns stürmisch. Ihr Hausmädchen Celina hatten sie aus Rio mitgenommen. Sie war Elisabeths Hausmädchen gewesen. »Christina hat mir das Hausmädchen gestohlen«, waren Elisabeths Worte gewesen. Celina machte für uns und die Kinder erst mal ein Frühstück, während die Kinder schon ungeduldig die mitgebrachten Geschenke aus ihren Verpackungen rissen. Im Wohnzimmer sah es bald so aus, als wäre gerade das Christkind dagewesen, überall Papierberge und aufgerissene Schachteln.

Christina tauchte auf, lässig und schön, zu Späßen aufgelegt und keineswegs arrogant. Sie war jetzt so, anders als in Rio, wie ich sie mir immer vorgestellt hatte. Da war nichts Unechtes. Ich fühlte mich in ihrer Nähe sehr wohl.

Alfredo und auch Wouter-Piter waren sehr neugierig, von mir zu hören, wie es mir mit »Dona Elisabeth«, so nannten die beiden Männer unsere Mutter respektvoll, ergangen war und wie ich mit allem zurechtkam. Christina und Monica gaben sich große Mühe, all die Fragen und Antworten vom Brasilianischen ins Deutsche und umgekehrt zu übersetzen.

Ich musste von Deutschland erzählen, vom Krieg, von den Juden und immer wieder von Hitler und ob das tatsächlich stimme, was über das Schicksal der Juden gesagt würde.

Ich machte nicht zum ersten Mal die Erfahrung, dass es bei den Brasilianern ein großes Interesse gab, mehr über die Naziherrschaft zu erfahren und darüber, wie das alles passieren konnte. Celina hatte eine »Feijoada«, das brasilianische Nationalgericht, für uns zubereitet, das wir am großen Tisch zusammen aßen, während wir unsere Gespräche lebhaft weiterführten. Für mich war dieses Essen etwas gewöhnungsbedürftig, all die verschiedenen Fleischsorten und Würste, dazu schwarze Bohnen, Reis, Süßkartoffeln und geröstetes Maniok zum Drüberstreuen. Ein deftiges Gericht, ähnlich wie bei uns Sauerkraut mit Würsten und fettem Fleisch und Kartoffeln. Das gemeinsame Essen brachte uns einander noch näher. Ich fühlte mich angenommen. Es ging mir gut.

Am Sonntagabend brachten Christina, Wouter-Piter, die Kinder und ich Monica und Alfredo zurück zum Rodoviario. Beide mussten am Montag wieder arbeiten.

Ab jetzt war ich mit Christina allein. Wouter in der Arbeit, die Kinder in der Schule. Christina nahm mich gleich am ersten Tag mit in das alte argentinische Stadtviertel, dahin, wo keine Wolkenkratzer zu sehen waren und keine Stadtautobahnen kalte Schneisen in die Landschaft schlugen. Wir gingen in ihr Lieblingscafé, wo nur Tangomusik gespielt wurde. Wir tranken erstklassigen Kaffee, rauchten Zigaretten und erzählten. Von unseren Ehen, von unseren Kindern und natürlich waren da auch immer die Geschichten mit und von Elisabeth. »Teilweise ist es schwer, mit meiner Mutter ins Gespräch zu kommen«, sagte ich. »Ich hätte mich auch eher gewundert, wenn es anders wäre«, erwiderte Christina. Und weiter: »Sie hat nie über ihr Leben gesprochen, sondern immer alles versteckt.« Christina erzählte, wie es war, als sie 1948 mit Elisabeth und Dimitri in Brasilien ankam. Sie konnten kein Wort Portugiesisch sprechen. In der ersten Zeit hätten sie in einem Auffanglager für Ausländer gelebt. Ich fragte Christina: »Und wo warst du von 1945, also dem Jahr, in dem du geboren wurdest, bis zu eurer Ausreise nach Brasilien 1948?« Diese Frage konnte mir Christina nicht beantworten.

Nachmittags holten wir die Kinder von der Schule ab, die quirlig um uns herumhüpften und mir dies und das zeigen wollten. Sie lenkten unsere Gedanken in eine andere Richtung, zurück ins Hier und Jetzt. Wieder zu Hause, bettelten die Kinder, dass ich »Futebol« mit ihnen spielen sollte, was ich sehr gerne tat. Keine Wiese weit und breit, überall nur gepflasterte Böden. Man konnte nicht einfach so hinausgehen, ohne sich abzumelden. Also spielten wir hier, im umzäunten Hof des Hochhauses.

Wir tobten wie wild und als ich den Ball hoch in die Luft schoss und er auf einer der Spitzen des Absperrgitters landete, seine Luft furzend von sich gab und sich ermattet um die Spitze legte, lachten wir minutenlang, bis auch uns die Luft wegblieb.

Als Pedro-Felipe und seine Frau Ana mich vor ein paar Jahren in München besuchten, fragte Pedro mich: »Gisela, weißt du noch, wie du den Ball kaputtgeschossen hast?« Kaum ausgesprochen, mussten wir so herzhaft lachen wie damals.

Am Abend, wenn die Kinder im Bett waren und Ruhe einkehrte, hatten Christina und ich wieder Zeit, ungestört zu sprechen. Ich erzählte ihr, dass ich bei meiner Tante aufgewachsen war, dass ich erst mit 14 Jahren erfahren hatte, wer mein Vater ist, und dass dieser kein Wort mit mir sprach, obwohl er vis-à-vis mit seiner Familie wohnte. Dass ich, weil ich den Namen Fink trug, jahrelang davon überzeugt gewesen war, ein angenommenes Kind zu sein, also ein Pflegekind. Und dass mir das ja auch von allen Seiten vermittelt worden war.

Ich fragte Christina, ob sie wüsste, wer ihr leiblicher Vater sei. »Nein, Elisabeth hat mir das nie gesagt, und wegen ihrer Krankheit habe ich es auch nie gewagt, sie danach zu fragen.« Ich sagte: »Christina, dein Vater muss ein Deutscher sein. Und er muss ein anderer sein als mein Vater.«

»Ich habe ein paar Papiere gerettet, die Elisabeth vernichten wollte. Aber mein Deutsch ist so schlecht, dass ich nicht kapiert habe, was da drinsteht. Warte, ich werde sie holen«, so Christina. Sie verschwand kurz und kam mit einem nicht sehr großen Karton zurück. Darin großformatige Schwarz-Weiß-Fotos von ihrer Hochzeit mit Wagner, Modeaufnahmen und eben die Papiere, von denen sie gesprochen hatte: Einwanderungspapiere und verschiedene Briefe von deutschen Behörden, die mich aufmerksam machten. Einer dieser Briefe war vom Landratsamt Ebersberg. Ebersberg? Ich wunderte mich und sagte zu Christina: »Du warst ja mal ganz in meiner Nähe.« Das Wort »Steinhöring«, das kurz darauf in den Papieren auftauchte, traf mich wie ein Blitz. Ich ahnte Schreckliches und versank in Schweigen. »Was ist los?«, fragte mich Christina, und ich stotterte mehr, als dass ich richtig sprechen konnte: »Mir fällt da was ein –, aber das kann ja gar nicht sein…« Ich wich innerlich zurück. »Was kann nicht sein?«, bohrte Christina weiter. Ich zögerte, sagte aber dann: »Vielleicht bist du im Lebensborn in Steinhöring geboren.« Im selben Augenblick verneinte ich meine Vermutung. Ich wollte das nicht glauben. Gleichzeitig bereute ich, überhaupt davon angefangen zu haben. Ich hatte das Gefühl, eine Grenze überschritten zu haben. Mir war jetzt regelrecht schlecht und ich konnte nicht weitersprechen. Christina sah meine Bestürzung und tastete sich langsam vor, indem sie mich fragte: »Was ist ein Lebensborn?« Und so erzählte ich Christina mit belegter Stimme das, was ich damals wusste. Vom Rassenwahn Hitlers, eine arische Elite heranzuzüchten in extra dafür geschaffenen Stätten. »Nein«, sagte ich immer wieder, »das glaube ich nicht, ich habe mich da in was verrannt, das gibt es doch nicht.«

Wir beide standen vor einem großen Fragezeichen. Ich sagte schließlich zu Christina: »Dann müsste dein Vater ja ein richtiger Nazi gewesen sein, denn nur tausendprozentige Nazis hatten die Möglichkeit, ihre schwangeren Frauen oder Geliebten zum Gebären dorthin zu schicken.«

In unserer Verunsicherung fingen wir an zu frotzeln: »Jetzt weiß ich, warum du so schön bist, du verkörperst die reine arische Rasse«, sagte ich zu meiner Schwester. Wir saßen noch bis in die Morgenstunden im Wohnzimmer, inmitten der Bilder und Dokumente, bevor wir alles wegräumten und uns schlafen legten. Etwas schweißte uns noch mehr zusammen, auch wenn die Ratlosigkeit vorerst die Oberhand behielt.

Das Neue, das jetzt im Raum stand, hielt uns nicht davon ab, in den Stunden und Tagen danach mit den Kindern nach der Schule in die Parks zu gehen, dort zu spielen, Eis zu essen, Spaß zu haben.

Vor meiner Abreise sprachen Christina und ich noch einmal darüber. Vielleicht war ja doch alles ganz anders, vielleicht irrte ich ja. Christina bat mich, mit Elisabeth zu sprechen und sie danach zu fragen, wer ihr Vater sei. »Christina«, sagte ich, »das geht nicht, das kann ich nicht, das ist deine Geschichte.« Sie meinte: »Vielleicht könntest du es wenigstens versuchen, ich habe Angst davor, dass eine Katastrophe passiert, wenn ich sie selbst frage.«

Mit dieser Last im Gepäck fuhr ich zurück nach Rio. Die Reise, diesmal tagsüber, genoss ich in vollen Zügen. In einem Bus hinter verdunkelten Scheiben und mit Aircondition, ließ es sich gut reisen. Der Lärm der völlig überlasteten Autobahn war kaum zu hören. Es ging vorbei an kilometerweiter Brachlandschaft. Die fruchtbare rote Erde schimmerte in der untergehenden Sonne. Um Mitternacht erreichte ich Rio, stieg um in den Stadtbus, der mich zur Copacabana brachte, und dann war ich da. Ich hatte mir vorgenommen, nicht mit der Tür ins Haus zu fallen, sondern mir Zeit zu lassen. Zum ersten Mal hatte ich den Gedanken, dass Elisabeth mich rausschmeißen könnte, wenn ich sie nach Christinas Vater fragen würde.

Elisabeth war noch wach. Sichtlich nervös öffnete sie mir die Tür und fing sofort zu fragen an: »Wie war es, was habt ihr gemacht, wie geht es den Kindern?« Ich erzählte ihr, dass es schön war, dass ich sehr herzlich aufgenommen worden war und dass ich mit Christina viel gesprochen hätte. »Worüber habt ihr denn gesprochen?« fragte sie mich. »Wir können ja morgen in Ruhe darüber reden«, schlug ich vor. Sie bohrte weiter. Ich sah Misstrauen in ihren Augen. Ich war schon auf dem Weg in mein Zimmer, als sie mit gleichzeitig harter und angstvoller Stimme fordernd sagte: »Was hast du mit Christina geredet?« »Gut, wenn du es wissen willst«, entgegnete ich, »Christina hat mich gebeten, dich zu fragen, wer ihr Vater ist.« Peng, das saß! »Das weiß ich nicht mehr, das habe ich vergessen«, lautete ihre prompte Antwort. »Na ja, ein wenig mehr müsstest du schon sagen, sonst brauchen wir ja erst gar nicht anzufangen.« Ich war vollkommen ruhig, ich wollte sie weder piesacken noch wollte ich ihr wehtun. »Lass uns erst mal darüber schlafen.« Mit diesen Worten und mit einem »Gute Nacht« ging ich in mein Zimmer.

Am nächsten Morgen machte ich mir mein Frühstück, das mager ausfiel. Elisabeths Empregada Celina (nicht zu verwechseln mit der Celina, die Christina mit nach São Paulo genommen hatte) war nicht da und Elisabeth hatte nichts eingekauft. Der riesige Kühlschrank war leer. Monica verbrachte das Wochenende bei Alfredo, also waren wir zwei allein. Unter unbehaglichem Schweigen packte ich meine Sachen für die Praia. Ich musste raus, nachdenken. Ich trug mich mit dem Gedanken, vorzeitig abzureisen oder für den Rest der Zeit ins Hotel zu ziehen. Für diesen Fall hatte ich finanziell vorgesorgt.

Ganz unerwartet brach Elisabeth jetzt aber das Schweigen und fing an, wieder über ihre Kindheit zu sprechen. Wieder von ihrer Mutter, die nach dem zweiten Kind wegen einer lebensbedrohlichen Thrombose ihr Bein verlor und fortan mit einem Holzbein leben musste, vor dessen Geräusch beim Auftreten sie Angst gehabt hätte. Von dem Birnbaum, in den sie ihren Schuh geworfen hatte, um eine Birne zu ergattern, in dem ihr Schuh aber hängengeblieben war und sie so keine Birne hatte und auch keinen Schuh mehr. Sie lachte, als sie das erzählte. Elisabeth hörte gar nicht mehr auf zu reden, dabei wurde ihre Stimme immer weicher, ihr Gesicht war leicht gerötet. Ich hörte ihr zu und vergaß vorerst meinen Strandbesuch. Sie erzählte mir auch die Geschichte von der Überfahrt mit dem Schiff nach Rio de Janeiro und dass Dimitri die Schiffspassagen durch Schwarzhandel ergattert hatte. »Die Männer haben auf der Überfahrt die ganze Zeit gefurzt. Und die Schlaflager waren voller Wanzen.«

Irgendwann hatte ich genug von Wanzen, Birnen und Holzbeinen. Meine Lust, an die Copacabana zu gehen, meldete sich zurück. Ich nahm meine Sachen und verließ das Haus. Ich breitete mein Strandtuch aus und hörte den beruhigenden Atlantikwellen zu. Später tauchten die Musikanten mit ihren Trommeln und Sambarasseln auf, deren Musik mich aufweichte. Ich fing an zu weinen über meine schöne, verrückte Mutter, die es nicht fertiggebracht hatte, mich mitzunehmen aus dem zerstörten Nachkriegsdeutschland. Warum schaffte sie es nicht einmal jetzt, über sich und mich zu sprechen? Warum bat sie mich nicht um Verzeihung dafür, dass sie mich in ein Heim gegeben und nie mehr nach mir gefragt hatte? Zu all dem kein Wort. Und auch zu Christinas Vater nicht.

Dann trockneten die Tränen. Ich sah mich um, sah fröhliche Strandbesucher, die mir zulächelten und ein wenig mit mir flirteten. Es war gut, am Strand zu sein.

Es blieb nach meinem Besuch bei Christina in São Paulo schwierig mit Elisabeth. Ich verspürte den Wunsch, früher als geplant nach Deutschland zurückzukehren. Einen letzten Versuch zu erfahren, wer Christinas Vater war, wollte ich aber noch unternehmen. Auf meine nochmalige Frage antwortete Elisabeth jetzt plötzlich: »Der Peter F. alias Jochen v. B.« Mir blieb die Spucke weg. Ich fragte sie, ob sie auch noch ein Geburtsdatum von diesem Doppelmann wüsste, was sie verneinte. »Ist der untergetaucht nach der Kapitulation?«, fragte ich weiter. Schweigen.

Das Thema Lebensborn mied ich. Ich zweifelte ja selbst daran und wollte mir nicht im Geringsten vorstellen, dass meine Vermutung, die mir im 12. Stock des Hochhauses in São Paulo in Christinas Wohnzimmer gekommen war, richtig sein könnte. Meine Schwester Christina ein Lebensbornkind? Darüber wollte ich nicht mit Elisabeth sprechen. Das war mir zu heiß und zudem war es Christinas Angelegenheit. Ich hatte Christina zwar versprochen, ihr bei der Suche nach ihrem Vater behilflich zu sein, aber weiter wollte ich nicht gehen. Überhaupt wehrte sich alles in mir, den Lebensborn mit meiner Schwester Christina in Verbindung zu bringen, zu denken, Christina könnte tatsächlich etwas damit zu tun haben.

Mein Flugticket galt für drei Monate. Inzwischen waren zwei Drittel der Zeit um. Ich vermisste meine Familie, meine Freunde, die Berge, die Jahreszeiten und mein gewohntes Leben.

Mit Monica in Ouro Preto

MONICA BESTAND DARAUF, vor meiner Rückkehr nach Deutschland unbedingt noch eine kleine Reise mit mir zu machen. Meine Schwester Monica hatte ich selten zu Gesicht bekommen vor lauter Arbeit, vor lauter Schauspielschule, vor lauter Verliebtsein. Vielleicht hatte sie mich auch bewusst mit meiner Mutter allein gelassen. Ein paar Mal waren wir zusammen ausgegangen, zu Konzerten, zum Tanzen oder einem späten Bier an der Copacabana. Sie war hin und her gerissen, was mich anging. Sie verlangte von mir, unsere Mutter so zurückzulassen, wie sie vor meinem Besuch gewesen war. Das wollte und konnte ich ihr nicht versprechen. Mal mochte mich Monica, mal mochte sie mich wieder nicht. Einmal, wir beide waren leicht angetrunken, fing sie an – es war wie eine Abrechnung – alles, was deutsch war, niederzumachen. Die deutsche Sprache, die deutsche Schule, in die sie als Mädchen einmal gegangen war, die deutsche Mentalität. Danach weinte sie und bat mich um Entschuldigung.

Monica wollte mir Ouro Preto zeigen, die erste Hauptstadt des Bundesstaates Minas Gerais. Dorthin führte uns also unsere kleine Reise. Ouro Preto heißt so viel wie »schwarzes Gold«. Monica und ich fuhren die rund 400 Kilometer mit dem Überlandbus. Nachdem wir ein Quartier gefunden und uns ein wenig ausgeruht hatten, zogen wir gegen Abend los, um das stark portugiesisch geprägte Städtchen zu erkunden. Auch hatten wir eine kleine Mission zu erfüllen. Der in Rio lebende Maler Augusto Rodrigues, den wir zufällig kennengelernt hatten auf einem Ausflug zum Corcovado, hatte uns gebeten, eine Kamera mit nach Ouro Preto zu nehmen und sie bei seinem Freund abzugeben. Dieser Freund hatte ein Restaurant direkt am Marktplatz und lud uns zum Dank ein, bei ihm zu essen. Das Restaurant bot typisch portugiesische Küche. Auf rustikalen Bänken sitzend genossen wir ein gutes Mahl.

Hier in diesem, in eine tropische Hügellandschaft eingebetteten barocken Städtchen wurde 1698 Gold gefunden, was in einen regelrechten Goldrausch ausartete. Die Ausbeute übertraf alles, was die portugiesischen Eroberer bis dahin entdeckt hatten. Die Kolonialherren ließen Zehntausende von Sklaven aus Afrika nach Salvador de Bahia einschiffen, um die Bodenschätze zu heben. Das Museum in Ouro Preto erzählt die Geschichte von Folterung und menschenverachtenden Zuständen in den Bergwerken, von angeketteten Sklaven, die wie Tiere gehalten wurden. Es erzählt auch vom Capoera, dem Tanz der Sklaven, um sich für den Tag ihrer Befreiung körperlich zu stählen.

Abgeschafft wurde die Sklaverei zum 13. Mai 1888, während Pedro II, König von Brasilien, in Europa weilte und seine Tochter, Kronprinzessin Isabel, in dessen Abwesenheit den entsprechenden Vertrag unterzeichnete. Das kleine Städtchen blickt auf eine große Geschichte zurück, deren Zeugnisse bis heute zu sehen sind.

Monica spazierte mit mir durch alle kleinen Gässchen und erzählte dabei, was sie von Ouro Preto wusste, zum Beispiel von »O Aleijadinho«, dem Krüppelchen, das trotz seiner schweren Lepra-Erkrankung bis zu seinem Lebensende mit seinen verkrüppelten Händen sakrale Skulpturen und Reliefs schnitzte, von denen noch immer eine einzigartige Schönheit und Kraft ausgeht. Überhaupt war das gesamte Städtchen ein Freilichtmuseum.

Für das Wochenende war anlässlich des Tags der Republik ein großes Fest anberaumt. Die ganze Stadt war geschmückt und voll mit Gästen aus dem ganzen Land. Monica war sehr aufgeregt, denn es waren für den Samstagabend die berühmte Schauspielerin Maria Fernandes und ihr Sohn zu einer Lesung mit musikalischer Begleitung im Theater eingeladen. Da mussten wir hin. Monica war ganz hingerissen, bestimmt auch, weil sie selbst Schauspielerin werden wollte und Maria Fernandes ein

Vorbild war. Danach traf sich alles bei brasilianischer Musik und allerlei kulinarischen Köstlichkeiten auf der Praca Tiradentes, dort, wo der Freiheitskämpfer Joaquim Jose da Silva Xavier, genannt »Tiradentes«, der Zahnzieher, 1789 hingerichtet und gevierteilt worden war.

Erst in den frühen Morgenstunden waren wir zurück in unserem Quartier. Ich warf mich todmüde auf mein Lager, das im selben Moment zusammenkrachte. Wir lachten, bis uns doch der Schlaf einholte.

Am Montag verließen wir Ouro Preto und versuchten, per Anhalter nach Belo Horizonte, der heutigen Hauptstadt von Minas Gerais, zu kommen. Von dort wollten wir tagsüber mit dem Bus nach Rio zurückfahren. Wir hatten Glück. Eine Frau, eine Journalistin und Malerin, nahm uns nicht nur mit, sondern lud uns in Belo Horizonte auch in ihr Haus ein, »damit ihr sehen könnt, wie ein Minas-Geraiser wohnt«. Uns wurde sehr schnell klar, dass sie sehr reich war. Eine junge Empregada, eine von mindestens vieren, brachte eisgekühlten Orangensaft, und die Hausherrin zeigte uns die vielen Bilder, die ihre Wände schmückten. Ein schwarzer Junge brachte uns später zum Rodoviario. Wir hatten irgendwie die Schnauze voll und wollten nicht länger bleiben. Die Autobahn in Richtung Rio war voller Lkws, schwer beladen mit Erzen aus den Bergwerken rund um Belo Horizonte. Minas Gerais, was so viel bedeutet wie »allgemeine Minen«, ist bis heute die Eisenerzgrube Brasiliens.

Zurück in Rio, bereitete ich mich langsam auf meine Rückreise nach Deutschland vor. Und in Brasilien bereiteten sich die Menschen darauf vor, die Militärdiktatur zu überwinden. Eine neue politische Ära stand bevor. Das konnte man in den Straßen Rios sehen und spüren.

Zurück nach Alemanha

Monica hatte zu meiner Überraschung bei sich zu Hause eine Abschiedsparty für mich organisiert und diejenigen ihrer Freunde eingeladen, die ich während meines Aufenthalts etwas näher kennengelernt hatte. Einige Namen weiß ich noch: Tjerki, Walli, Maristella, Abe, Theresa und Mephistofeles von der Schauspielschule. Noch einmal erklang brasilianische Musik, wir tanzten und tranken und tauschten Adressen aus. Ich bedankte mich für ihre Freundlichkeit und das Interesse, mit dem sie mir begegnet waren, und bat sie, sich mit einem kleinen Eintrag in meinem Tagebuch zu verewigen. Monicas Freund Alfredo schenkte mir zum Abschied eine Langspielplatte von Elba Ramalho. Erst ein paar Tage zuvor waren Monica und ich bei einem berauschenden Konzert von ihr gewesen. Sie und die Musiker ihrer Band hatten mich sehr begeistert.

Elisabeth weinte ein wenig und Monica befahl mir unter Tränen, etwas dramatisch, gefälligst für immer dazubleiben. »Du kannnst doch in Rio ein bayrisches Restaurant aufmachen, wo es Sauerkraut mit Kassler gibt und bayrisches Bier. Die Brasilianer lieben das.« Mir war aber längst klargeworden, dass ich nicht in Rio bleiben wollte. Und ein bayerisches Restaurant für die werten Brasilianer würde ich schon gleich gar nicht aufmachen wollen. Vielleicht würde ich eines Tages wiederkommen, aber in Brasilien leben – das wollte ich auf keinen Fall. Das Land war mir zu extrem. Der Lärm rund um die Uhr, die vielen Menschen, die Favelas mit ihrer großen Armut, das alles lenkte meine Gedanken in Richtung Deutschland. Mir fehlten Wendy und Geri und meine Berge.

Drei Tage nach der Party brachte mich Monica mit dem Auto zum Aeroporto Galeão. Wir schrieben den 8. Dezember 1982.

Noch einen Cafezinho, noch ein paar herzliche Umarmungen begleitet von guten Wünschen, und ich begab mich in die Abflughalle. Wenig später bestieg ich das chilenische Flugzeug. Wie beim Start in Frankfurt wartete ich aufgeregt auf den Take-off und die kribbelnden Glücksgefühle, die er mir eingejagt hatte. Nachdem eine gewisse Flughöhe erreicht war, begannen die Stewards und Stewardessen damit, sich in äußerst zuvorkommender Weise um das Wohl ihrer Fluggäste zu kümmern. Anders als heute waren sämtliche Annehmlichkeiten im Ticketpreis enthalten. Vor lauter Übermut und Freude, auf dem Weg nach Deutschland zu sein, bestellte ich zu meiner eigenen Verwunderung einen Whisky, der mir dermaßen in die Glieder fuhr, dass ich erst mal in einen entspannten Schlummer sank. Während des 12-stündigen Flugs nach Frankfurt war es nie langweilig. Die Menschen an Bord hatten sich viel zu erzählen, die Atmosphäre war äußerst gelöst. Es wurde gelacht, gegessen, getrunken, geraucht. Und ich genehmigte mir einen zweiten Whiskey. Brasilien lag wie ein abgekoppelter Waggon hinter mir.

In Frankfurt erwarteten mich schneidend kalte Winterluft und knapp zehn Grad minus. Drei Monate hatte ich tropische Sonne genossen. Den Temperaturunterschied von 40 Grad musste ich erst einmal verkraften.

Ich reiste weiter mit dem IC nach München, wo Wendy und Geri auf mich warteten. Geri war während meiner Abwesenheit ein ganzes Stück gewachsen und jetzt im Stimmbruch. Es war schön, wieder bei den beiden zu sein.

Zu Hause packte ich die mitgebrachten Geschenke aus. Monica hatte mir für Geri Bongas mitgegeben, über die er sich sehr freute, weil er mit Schlagzeugspielen angefangen hatte. Wieder in den eigenen vier Wänden zu sein, fühlte sich anfangs fremd an. Es dauerte aber nicht lange, bis ich wieder heimisch und alles wieder selbstverständlich war.

Ich war mir darüber im Klaren, dass ich mir wieder einen Job suchen wollte. Doch erst mal feierten wir Weihnachten. Zum Jahreswechsel kamen Geri und ich über die Eltern einer Schulfreundin zu einem kurzen Skiurlaub: Wir verbrachten ein paar Tage mit vielen Leuten auf einem Bauernhof in Aschau in Tirol. Glücklich genoss ich das Skifahren in der tief verschneiten Landschaft, das richtig hungrig machte. Abends bereitete die ganze Truppe das Essen gemeinsam zu, danach wurde gespielt. Ein paar Buben bauten Iglus und übernachteten darin.

An einem dieser Abende fragte ich in die Runde, ob jemand eine Arbeit für mich wüsste. Einer, der Jurastudent Edzard, fragte zurück, was ich denn so gemacht hätte und was ich suchen würde. Ich erzählte ihm, dass ich bei einer Bank und später für kurze Zeit bei einem Steuerberater gearbeitet hätte. Woraufhin er zu meiner Überraschung sagte: »Mein Vater ist Steuerberater und der sucht seit Langem eine Buchhalterin.« Volltreffer! Nach zwei Vorstellungsgesprächen hatte ich den Job. Anfangs war es doch etwas anstrengend. Ich musste viel Neues dazulernen, aber ich gab mir große Mühe, weil ich diese Chance auf keinen Fall verspielen wollte. Mir machte die Arbeit auch Spaß, sie stärkte mein Selbstvertrauen.

Zurückblickend war die Begegnung mit Edzard und alles, was daraus folgte, ein einziger Glücksfall. Ich blieb bis zur Rente.

Die Akte Fink

Etwa ein Jahr, nachdem ich in der Steuerkanzlei in München angefangen hatte, fiel mir bei der Bearbeitung einer Mandanten-Buchhaltung ein Beleg in die Hände, der meine Aufmerksamkeit auf sich zog. Auf diesem Beleg stand eine Adresse, die mir geläufig war: »Katholische Jugendfürsorge der Erzdiözese München und Freising«. Augenblicklich war ich an Dr. Fendt, meinen ehemaligen Vormund, erinnert. »Dort müsste es doch eigentlich eine Akte geben von mir. Da könnte ich mich doch mal erkundigen.«

Gedacht, getan. Sofort rief ich bei der Jugendfürsorge an, sagte, ich sei vor langer Zeit ein Mündel von Dr. Fendt gewesen, und fragte, ob es eine Akte über mich gäbe. Nachdem ich mein Geburtsdatum genannt hatte, sagte mir die freundliche Sekretärin, dass sie im Archiv nachsehen müsste. Sie würde mich auf jeden Fall zurückrufen, ob sie nun etwas fände oder nicht. Dann könnten wir einen Termin vereinbaren, um Weiteres zu besprechen. Zuvor würde sie allerdings noch einen längeren Urlaub machen. So verblieben wir.

Ein paar Wochen später rief sie mich an und teilte mir mit, dass es tatsächlich eine Akte gäbe und dass ich diese jederzeit einsehen könnte. Wir machten einen Termin aus und so stand ich an einem Sommertag des Jahres 1984 wieder in den Räumen der Katholischen Jugendfürsorge in der Münchner Liebigstraße 10. Dr. Fendt war inzwischen verstorben. Sein Nachfolger, ein junger Jurist namens Egger, bat mich in sein Büro. Von Dr. Fendt zeugte noch eine große Schwarz-Weiß-Fotografie über dessen Schreibtisch. Wir nahmen am Besuchertisch Platz, meine Akte lag bereits dort. Er wollte wissen, warum ich mich nach so langer Zeit für eine Akteneinsicht interessierte. Ich erzählte ihm, dass ich meine Mutter in Brasilien gefunden und inzwischen auch besucht hätte. Und dass sie mir kaum etwas von dem erzählt hätte, was damals, als sie noch in Deutschland war, passiert ist. Vor allem hätte ich von ihr wissen wollen, warum sie mich nicht mitgenommen hat nach Brasilien. »Ich habe alles vergessen«, sei ihre Antwort gewesen. Deswegen sei ich da.

Es fühlte sich gut an, frei über all das sprechen zu können, auch wenn ich meine Aufgeregtheit nicht verbergen konnte und auch wenn ich Angst davor hatte, möglicherweise etwas Schlimmes zu erfahren. Meine Neugier behielt die Oberhand.

Als das Telefon auf dem großen Schreibtisch läutete und Herr Egger aufstand, um den Anruf entgegenzunehmen, wagte ich, die Akte zu mir zu ziehen und sie umzudrehen. Ich wollte sichergehen, dass es auch wirklich meine war. In großen Lettern war dort zu lesen: »Katholischer Jugendfürsorge-Verein der Erzdiözese München-Freising e. V.« Gleich darunter stand der Name *FINK*. Ich öffnete den Aktendeckel und las als Erstes *Christa Fink*. »Haben die mich jetzt verwechselt?«, fragte ich mich. Gleich mein zweiter Gedanke war: »Ist Christina in Wirklichkeit Christa?«

Unter der Akte Christa Fink lag eine dickere mit der Aufschrift »Vormundschaft-Schützling Fink Gisela Beate, angemeldet am 26.10.1949 durch A.G. Ebersberg«.

Mittlerweile hatte Herr Egger sein Telefonat beendet und kam zurück zu mir. Er bot mir an, die Akte mitzunehmen und in Ruhe zu studieren. Mit allen auftauchenden Fragen könnte ich zu ihm kommen. Dafür sei er da. Ich bedankte mich herzlich bei ihm.

Die Akte fest an meine Brust gepresst, aus Angst, es könnten wichtige Papiere herausfallen, verabschiedete ich mich. Unten sprang ich in die nächste Straßenbahn und fing gleich an, die mürben Blätter zu überfliegen. Noch in der Tram wurde mir klar, dass die Akte Fink noch vieles andere außer meinen Unterlagen enthielt. Ich entdeckte in Christinas schmaler Akte den Namen und das Geburtsdatum ihres leiblichen Vaters, so, als wäre es das Normalste von der Welt. Keiner der beiden Namen von Christinas Vater, die Elisabeth mir in Rio genannt hatte, stimmte offenbar.

In den darauffolgenden Tagen und Wochen nahm ich mir viel Zeit für die Akte. Dr. Fendt war also für eine gewisse Zeit auch der Vormund von Christina beziehungsweise »Christa Fink« gewesen. Christina hieß aber doch Anastassiu mit Nachnamen, was den Schluss nahelegte, dass Dimitri Anastassiu Christina möglicherweise adoptiert hatte. Doch dazu später mehr.

In meiner Akte fand ich unter anderem: die Vaterschaftsanerkennung durch Georg Weilnböck, ausgestellt am 17.3.1947 vom A.G. München; Auszüge aus den Akten des Vormundschaftsgerichts Ebersberg, in denen von der Suche nach meiner leiblichen Mutter die Rede war; Briefe an das Pfarramt Grafing, woraus hervorging, dass ich seit Oktober 1949 in der Pflegefamilie Hans und Lisbeth Knogler untergebracht war, dass die Verhältnisse dort »knapp ausreichend« waren, dass das Kind, also ich, keinen sittlichen und gesundheitlichen Gefahren ausgesetzt war, dass ich ein eigenes Bett hatte und die Ernährung gut und genügend gewesen war. Des Weiteren enthielt die Akte die jährlichen Gutachten seitens der Schule, wonach die Gisela, also ich, ein »nervöses Kind« war, das unbedingt ruhiger werden müsste, und von ihren Pflegeeltern gut versorgt wurde.

In einem Schreiben vom 27. Oktober 1949 erklärt Dr. Fendt, dass er bereit sei, auch für mich, also zusätzlich zu Christa, die Vormundschaft zu übernehmen, und dass er meine leibliche Mutter suchen lasse. Er schreibt an meinen leiblichen Vater und will wissen, wo sich die Mutter seines Mündels aufhält, woraufhin dieser mitteilt, dass diese »stillschweigend nach Amerika gegangen« sei und er selbst nichts Genaueres wisse.

Auch geht aus der Akte hervor, dass seine Unterhaltszahlungen bis auf wenige Ausnahmen nur schleppend an seine Schwester, meine Pflegemutter, gingen, woraufhin ihn Dr. Fendt verpflichtete, künftige Unterhaltszahlungen direkt an die Katholische Jugendfürsorge zu leisten. Es kam sogar so weit, dass ich, vertreten durch Dr. Fendt, meinen leiblichen Vater wegen Unterhaltsrückstands verklagte und daraufhin zwei Zwangsvollstreckungen vollzogen wurden.

Jetzt verstand ich einmal mehr, warum meine Pflegemutter und mein leiblicher Vater, die ja Geschwister waren, nie miteinander geredet hatten, und mein Vater so gut wie nie mit mir.

Am 9. April 1954 erkundigte sich mein Pflegevater bei Dr. Fendt wegen einer Adoption. Ihm wurde mitgeteilt, dass dazu die Einwilligung meiner leiblichen Mutter notwendig sei, deren Aufenthalt aber zu diesem Zeitpunkt immer noch nicht ermittelt war.

Am 3. März 1954 schreibt mein leiblicher Vater Georg Weilnböck an Dr. Fendt:

Betr: Fink Gisela
Ich wurde heute auf der Gemeinde vorgeladen, betreffs Ihrer Anfrage über meine Person und möchte Ihnen hierzu folgendes mitteilen. Ich bin mir vollkommen bewusst, dass ich zahlen muss und komme meinen Verpflichtungen nach, doch war es in den letzten Monaten derart viel, was ich an Zahlungen zu leisten hatte. Finanzamt/elterliche Rate. Ich würde sie höflichst ersuchen, von einer Zwangsmaßnahme abzusehen und verspreche Ihnen, dass ich mein möglichstes tun werde und meinen Verpflichtungen nach zu kommen.
Hochachtungsvoll Weilnböck

In einer Aktennotiz vom 25. Juli 1956 schreibt eine »Fürsorgerin Heinze« an Dr. Fendt:

– Gisela ist eifrig aber nervös. Sie kennt keine Launen. Ihr Benehmen ist ordentlich. Gisela macht beim Rechtschreiben viele Fehler.

– Gisela hat im Sport eine Ehrenurkunde erhalten und zwar hat sie bei den Bundesjugendspielen in Grafing einen Sieg mit 58 Punkten errungen. Von 700 war sie die Zweitbeste. Ein Bub hatte einen Punkt mehr als sie.

– Herr Knogler sagte aber, dass Gisela anfängt vernünftig zu werden, man kann schon mit ihr reden und an ihre

Vernunft appellieren. Gisela ist auch recht fleißig. Sie war z. B. zwei Mal in den Himbeeren und hat soviel Himbeeren heim gebracht, dass die Mutter 13 Liter Himbeersaft daraus machen konnte.

– einen Teil der großen Ferien hat Gisela auf einer Alm verbracht. Eine Jugendgruppe der Pfarrei Grafing führte auf eine Alm am Heuberg. Gisela freute sich schon sehr darauf.

In einem Brief an Dr. Fendt, in dem sie sich auf schöne Weise bei ihm dafür bedankt, dass er ihr bei all den heiklen Angelegenheiten zur Seite gestanden hat, schreibt meine Pflegemutter am 10. August 1958:

Ich hätte bestimmt mit bestem Willen nicht so weiter machen können. Es ist ja alles so teuer geworden und mein Mann ist der alleinige Verdiener. Aber in einer Sache möchte ich mich mit ihnen persönlich unterhalten; machen sie bitte nichts. Ich werde so mal mit Gisela bei Ihnen eintreffen, damit Sie Gisela zu sehen bekommen. Was Gisela anbetrifft mit Zeugnis, es ist zufriedenstellend. Die Bemerkung: Fink, Gisela muss fleißig und aufmerksamer werden. Ihr Benehmen ist lieb. Rechnen 2 die anderen Fächer Note 2 und 3. Sie ist halt ein furchtbares Quecksilber. […]
Ich muss halt dahinter sein, damit ich sie zu einem anständigen Menschen erziehen kann. Im Haushalt hilft sie ein wenig mit, das schadet ja nicht. Am 5. August machten wir eine Omnibusfahrt nach Birkenstein, Spitzingsee, Schliersee und wieder heim. Es hat ihr gut gefallen. Was in unseren Kräften steht, leisten wir für das Kind.
Jetzt ist natürlich eine große Feindschaft zwischen meinem Bruder und uns. […] *Das war zwar vorher nicht das beste Verhältnis, hauptsächlich wegen Gisela.*

Mit freundlichen Grüßen
Lisbeth Knogler
Grafing bei München

Ich habe heute große Hochachtung vor meinen Pflegeeltern und begreife, wie schwer sie beide an der Verantwortung für mich trugen. Meine Pflegemutter hatte immer wieder mit heftigen Migräne-Anfällen zu tun, was zeigt, dass sie auch gesundheitliche Schäden davongetragen hat. Von heute aus gesehen war der Einblick in meine Akte die Voraussetzung dafür, die Verwerfungen in der Familie und auch meine eigenen Nöte besser zu verstehen.

Schwester Wernfrieda

In meiner Akte hatte ich gleich nach dem Deckblatt eine Postkarte entdeckt. Sie zeigte ein stilisiertes Motiv des Säuglingsheims an der Kapellenstraße in Augsburg, umringt von tanzenden Kindern. Auf der Rückseite ist maschinenschriftlich Folgendes zu lesen:

Augsburg, den 24. Oktober 1949

Werte Frau Knogler

Beiliegend übersenden wir Ihnen noch die Papiere.
Hoffentlich sind Sie mit Gisela gut angekommen. Hat sie sich schon recht gut eingewöhnt? Unsere Kinder sagen immer »Gisela fort mit Tante zum Papa, nicht mehr da!« Wir hoffen und freuen uns mit Ihnen, daß nun Gisela zu ihren Lieben durfte und weiß jetzt wo sie überhaupt hingehört.
Ihnen recht herzliche Grüße, sowie an Gisela alles Gute.
Ihre M. Wernfrieda

Beim Lesen dieser einfühlsamen Zeilen hatte ich gleich den Gedanken, dass diese Schwester Wernfrieda möglicherweise eine wichtige, wenn nicht *die* Bezugsperson für mich gewesen ist. Auf jeden Fall hatte sie mich bis zu meiner Entlassung aus dem Kinderheim begleitet.

Dieses kleine, persönliche Kärtchen aus dem Waisenhaus entzündete ein wärmendes Flämmchen in mir. Es leuchtete geradezu hervor aus all den vergilbten Papieren, die von Streitigkeiten und Lügen zeugten.

»Schwester Wernfrieda? Wer war das? Vielleicht lebt sie noch«, so ging es mir durch den Kopf. Ich wollte unbedingt versuchen, sie zu finden. Inzwischen waren immerhin an die 40 Jahre vergangen. »Wer weiß, ob es das Heim überhaupt noch gibt«, dachte ich.

Das »Säuglingsheim an der Kapellenstraße«, so fand ich heraus, wurde zur damaligen Zeit von Ordensschwestern aus dem Kloster der Franziskanerinnen von Maria Stern geführt. Träger ab 1923 war die Katholische Jugendfürsorge München-Freising. Inzwischen war an diesem Ort ein modernes Klinikum für Gynäkologie, Geburtshilfe, Pädiatrie und Kinderpsychiatrie entstanden.

Mit diesem Wissen machte ich mich eines Tages auf den Weg. Mit dem ICE bis Augsburg, dann weiter mit der Straßenbahn in Richtung Oberhausen und die letzten Meter zu Fuß in die Kapellenstraße. Dort hielt ich Ausschau nach dem Häuschen, das auf Schwester Wernfriedas Postkarte abgebildet war. Die Stadt Augsburg mochte ich gleich, vielleicht, weil hier meine erste Heimat war.

Von dem Häuschen war weit und breit nichts zu sehen. Irgendwann fand ich mich vor der Hauptpforte der Klinik wieder, an der eine junge Frau Dienst tat. Ich stellte mich vor und sagte, dass ich eigentlich das Waisenhaus suchte, in dem ich meine ersten drei Lebensjahre verbracht hätte. Eine Ordensschwester in weißer Tracht, die gerade anwesend war, schaltete sich ein. Sie fragte mich noch einmal nach meinem Namen und meinem Anliegen und sagte dann: »Das Waisenhaus gibt es schon lange nicht mehr.«

Ich zeigte ihr die wenigen Papiere, die ich mitgebracht hatte, worauf sie mich bat, gleich den linken Flur bis zum Ende zu gehen und an die letzte Tür rechts zu klopfen. Dort wäre die Schwester Direktorin, die mir weiterhelfen könnte.

Ich bedankte mich und mit leicht erhöhtem Puls ging ich den Flur entlang und klopfte an die Tür. Ein »Ja, bitte« ließ mich eintreten. Eine sehr dicke Schwester in schwarzer Ordenstracht saß an einem großen Schreibtisch, schaute mich an und fragte mich: »Was wünschen Sie?« Ich sagte noch einmal mein Verserl auf und zeigte ihr die Postkarte von Schwester Wernfrieda. Sie las diese und sagte: »Die Schwester Wernfrieda, die ist bei uns im Haus, die holen wir jetzt!« Sie griff zum schwarzen Bauxit-Telefon, wählte und sagte: »Schwester Wernfrieda, da ist jemand für Sie. Bitte kommen Sie in mein Büro.«

Es dauerte nicht lange, bis es klopfte, und nach einem »Ja, bitte« eine weißgekleidete Ordensschwester eintrat und an der Tür stehen blieb. Das hatte etwas Respektvolles gegenüber der Oberin. Diese wandte sich an Schwester Wernfrieda mit den Worten: »Kennen Sie diese Frau? Sie sagt, sie wäre die ersten drei Jahre ihres Lebens bei uns gewesen.«

»Wie heißen Sie?«, fragte Schwester Wernfrieda mich mit großen Augen und ebenfalls etwas aufgeregt. Ich nannte ihr meinen Namen – Gisela Beate Fink – und mein Geburtsdatum. Mein Name sagte ihr nichts und auch der Name meiner leiblichen Mutter löste keine Reaktion bei ihr aus.

Nach einer kleinen Weile fragte ich sie: »Sagt Ihnen vielleicht der Name Georg Weilnböck etwas?« Kaum hatte ich diesen Namen ausgesprochen, hielt sie sich erschrocken den offenen Mund zu und schwieg ein paar Sekunden, bevor sie sagte: »Jetzt weiß ich, wer du bist« und »Ja, du warst bei uns« und »Ja, der hat dich besucht.« Schwester Wernfrieda war sichtlich berührt. Für kurze Zeit war es ganz still in dem großen Büro, keine von uns dreien sprach mehr ein Wort.

Schwester Wernfriedas Ausstrahlung war mir von Anfang an sympathisch. Sie wirkte authentisch und jung geblieben, auch etwas verschmitzt und sehr lebendig.

Nachdem wir uns etwas erholt hatten, fragte mich Schwester Wernfrieda: »Hast du schon was gegessen?«, was ich verneinte. »Komm, ich bring dich ins Refektorium, dort wartet ein warmes Essen auf dich.«

Das fühlte sich an wie in den Arm genommen zu werden. Auf dem Weg in den Speiseraum zeigte sie mir die Kinderabteilung, in der sie immer noch, sie dürfte schon über siebzig gewesen sein, Kinder nach einer Operation betreute, ihnen etwas vorlas und sie tröstete, wenn sie nach ihrer Mutter weinten oder nicht einschlafen konnten.

Mit einer solch schönen Begegnung hatte ich wirklich nicht gerechnet. Es war einfach nur wunderbar. Was es zu essen gab, habe ich vergessen, weiß aber, dass es mir gut geschmeckt hat. Danach gab es Kaffee und Kuchen.

Ich fragte Schwester Wernfrieda: »Woher kennst du meinen leiblichen Vater? Meine Mutter hat mich doch wahrscheinlich hierher gebracht.« Und da erzählte sie mir, dass er, mein Vater, eines Tages vor der Tür gestanden und gesagt hatte: »Ich will mein Kind sehen.« Sie sei damals sehr erschrocken gewesen, weil sie meinen Vater kannte. Er stammte nämlich aus Grafing wie sie. Sie kannte ihn aus der Kindheit. Jetzt schwärmte sie geradezu von ihm und seinen schönen schwarzen Haaren. Für mich hörte sich das fast so an, als wäre sie in jungen Jahren etwas in ihn verliebt gewesen. Das fand ich sehr amüsant.

Schwester Wernfrieda zeigte mir anschließend noch das Gelände und die übriggebliebenen alten Gebäude und erzählte, wie es damals gewesen war, gleich nach dem Krieg mit all den vielen Kindern. Und vor allem erzählte sie von der Not. Von den Bettelbriefen, die sie nachts schrieb, um Essen für die Kinder zu organisieren. Von Windeln, Matratzen und solchen Dingen wie Babycremes für wunde Popos gar nicht zu reden.

Was die Schwestern damals besonders gern gemocht hatten, waren die täglichen Bollerwagen-Ausflüge mit den Kindern in die Stadt. Die in Augsburg stationierten GIs hätten sich immer sehr gefreut über die Kinder, hätten sie fotografiert und zum Lachen gebracht. Einige Soldaten hätten sogar Kinder aus dem Waisenhaus adoptiert und mit in die USA genommen.

Die Stunden mit Schwester Wernfrieda waren wie nichts vergangen. Ich verabschiedete mich und versprach, mit ihr in Verbindung zu bleiben. Sie gab mir noch ihre Zimmerdurchwahl und meinte, ich könnte sie jederzeit anrufen. »War das denn jetzt alles echt oder hab ich nur geträumt?« Mit diesem Gefühl verließ ich Schwester Wernfrieda und ihr Wirkungsfeld.

Ich hielt den Kontakt zu ihr in den Jahren danach und besuchte sie in großen Abständen. Ich kam nie ohne Blumenstrauß, den sie jedes Mal in die Kapelle zur Muttergottes brachte. Zu ihrem 80sten Geburtstag lud sie mich ein. Noch immer war sie sehr lebhaft und geistig äußerst rege und noch immer betreute sie die kranken Kinder in der Kinderabteilung. Inzwischen wusste ich, dass sie Schokolade liebte, weswegen ich ihr Pralinen aus einer der vielen verführerischen Augsburger Konditoreien mitbrachte. Ich wusste auch, dass sie Fan des FC Bayern war und jedes Spiel in ihrem Zimmer verfolgte, soweit es ihr Dienst erlaubte.

Von den Ärzten hatte sie einmal eine Karte für ein Bayern-Spiel zum Geburtstag bekommen und die Ärzte hatten sie auch ins Stadion begleitet. Sie strahlte jedes Mal, wenn sie davon erzählte. Und bei jedem meiner Besuche als Erstes die Frage: »Hast du schon was gegessen?«

Ich erfuhr auch etwas aus ihrem Leben. Sie war auf einem Einödhof, dem Moorhof in der Nähe von Grafing aufgewachsen. Moorhof vielleicht deshalb, weil in der Gegend noch lange Torf gestochen wurde. »Wir waren«, so Schwester Wernfrieda, »13 Kinder zu Hause. Ich musste schon sehr früh der Mutter helfen und mit die Kleinen versorgen.« Einmal erzählte sie mir: »Mein Vater ist im Wald erschossen worden.« Wie es dazu gekommen ist, konnte nie geklärt werden.

Sie lud mich auf den Moorhof ein, wo sie manchmal im Sommer einige Wochen verbrachte, wenn die Ärzte sie herzlich, aber bestimmt dazu genötigt hatten, doch mal eine Erholungspause einzulegen: »Du kannst mich doch mal besuchen, wenn du in Grafing bist.« Das tat ich eines schönen Sommertages wirklich. Ich kannte die Umgebung mit ihren anmutigen hügeligen Wiesen und Wäldern ja aus meiner Kindheit. In dem Weiler Gasteig, in Sichtweite des Moorhofs, hatte ich bei Steineckers mehrmals die Eier zum Einlegen für den Winter geholt und mich als Kind immer darüber gewundert, wie zwei so krumm gewachsene kleine Menschen, die einem Märchenbuch entsprungen zu sein schienen, so schwer arbeiten konnten.

Ihren neunzigsten Geburtstag feierte Schwester Wernfrieda noch im Klinikum. Und immer noch wurde ihr großer Respekt entgegengebracht. Ein paar Jahre später, als sich die ersten Gedächtnisverluste zeigten, zog sie um ins nahegelegene Mutterhaus für Franziskanerschwestern etwas außerhalb von Augsburg. Dort habe ich sie ein letztes Mal besucht. Eine Pflegeschwester brachte mich zu ihrem Zimmer und sagte: »Schwester Wernfrieda, hier ist Besuch für Sie.« Ich begrüßte sie: »Schwester Wernfrieda, ich bin's, die Gisela.« Sie erkannte mich nicht. Sie saß in einem bequemen Stuhl, in ihren Armen ein riesengroßer Teddybär, den sie an ihren gebrechlichen Körper gedrückt hielt. Immer wieder sagte sie: »Das ist mein Kind« und »Ich bin die Mutter und muss aufpassen.«

Wie gut, dass ich Schwester Wernfrieda gesucht und gefunden hatte.

Christina kommt nach Deutschland

Unmittelbar nachdem der Name von Christinas Vater in der Akte Fink aufgetaucht war, schickte ich ein Telegramm nach São Paulo: ICH HABE DEINEN VATER GEFUNDEN. Christina rief mich sofort an, freudig aufgeregt. »Bitte schick mir seine Adresse.« Da die Adresse aus der Akte von 1945 stammte, war es unwahrscheinlich, dass sie noch stimmte. Außerdem konnte er längst gestorben sein. Ich versprach Christina, zu versuchen, ihn ausfindig zu machen. Es dauerte viele Monate, bis ich endlich wusste, dass er noch lebte und auch, wo er steckte. Ich teilte Christina die Adresse mit. Jetzt war sie an der Reihe.

Seit meinem Besuch in Brasilien waren zweieinhalb Jahre vergangen. Christina nahm Kontakt zu ihrem Vater in Deutschland auf, der ihr Bilder schickte und sich glücklich zeigte, eine Tochter in Brasilien zu haben. Im März 1985 schrieb mir Christina: »Er sieht aus wie ein netter Mensch. Er hat noch gute Gefühle, aber ich weiß nicht, ich glaube, er hat nicht viel gemacht, um uns zu finden, und wenn ich nach Deutschland gehe, dann werde ich ihn suchen.«

Und dann ging alles sehr schnell. Sie kündigte kurzfristig ihren Besuch in Deutschland an und meinte: »Jetzt werden wir alle Geheimnisse zu Ende bringen.«

Christina kam an einem Samstag im August am Riemer Flughafen in München an. Zu Hause wurden als Erstes die Mitbringsel ausgepackt und Wendy öffnete die erste Flasche Champagner, während wir Schwestern unentwegt redeten. Christina zeigte uns die Fotos ihres Vaters. Wendy, der aufmerksam zuhörte, drehte alle Fotos um, ich wusste zunächst nicht, warum. Wortlos gab er mir eines, auf dem zu lesen stand: »Kameradschaftstreffen Nesselwang«. Wochen davor waren Wendy und ich in Nesselwang auf einer Demonstration gewesen, um gegen ein SS-Kameradschaftstreffen von alten Nazis zu protestieren. Christina gegenüber ließen wir uns nichts anmerken. Ich dachte nur: »Das kann ja heiter werden.« Vorerst aber überwog die Freude über unser Zusammensein.

»Was meinst du, meine liebe Schwester, wird passieren, wenn wir diese Geschichte geöffnet haben und verstanden haben. Wird es wieder eine *andere* Geschichte geben, noch verdrehter, und wir werden wieder drehen und drehen, bis wir umfallen? Oder werden wir beide verrückt damit und kommen in ein Haus eingesperrt? Meine liebe Schwester, wir müssen stark sein, sonst wird das passieren. Was meinst du? Sollen wir zu meinem Papa gehen und ihn verhauen und dann gehen wir zu deinem Papa und den verhauen wir auch zusammen?«

Es war schön, Christinas respektlosen Humor in ihrem charmanten Deutsch zu hören. Humor war das Beste, was uns einfallen konnte. Lachen befreit und macht mutig. Und Mut war dringend erforderlich.

Als Erstes fuhr ich mit Christina nach München, ich wollte ihr, wie versprochen, meine Geburtsstadt zeigen und mit ihr ein Bier auf dem Viktualienmarkt trinken. Christina war begeistert. Es goss zwar in Strömen, aber es war trotzdem zauberhaft, bei Bier und Leberknödelsuppe unter den großen Marktschirmen zu sitzen.

Für den nächsten Tag war das erste Treffen mit Christinas Vater geplant, der uns gebeten hatte, nach Bad Tölz zu kommen, wo er uns in der Pension Emilia erwarten würde. Bei traumhaft schönem Sommerwetter fuhren Christina und ich los. Kurz vor Tölz zogen Wolken auf und es fing sogar zu hageln an. Ein Vorbote dessen, was kommen würde? Der Hagel ließ nach, die Sonne erstrahlte erneut und vor der Pension stand ein Mann, der in unsere Richtung Ausschau hielt. »Ja, das müsste er sein«, sagte ich. Christina war ganz nervös geworden, ich musste ihr versprechen, an ihrer Seite zu bleiben. Sollte sie mit ihm allein sein wollen, würde sie mir das vereinbarte Zeichen geben.

Christinas Vater, den wir duzen und Ludwig nennen sollten, empfing uns äußerst zuvorkommend und selbstbewusst und bat uns in das Lokal. Er hatte einen Raum für uns allein reserviert, lud uns zu Kaffee und Kuchen ein und fing sofort an zu erzählen. Dass er Elisabeth in Berchtesgaden kennengelernt hatte, wo sie in einem Lazarett als Diätassistentin arbeitete, dass sie wunderschön gewesen sei und er sie sehr geliebt hätte. Dass er sie kurz nach dem Krieg im zerstörten München zufällig an der Seite eines Mannes und hochschwanger wiedergetroffen hätte. Sie hätte geweint und zu ihm gesagt: »Wir können uns nicht wiedersehen. Es ist zu spät.« Das Kind in ihrem Bauch war ich. Der Mann an ihrer Seite war nicht mein Vater.

Tja, und dann erzählte er vom Krieg und dass ihn ein »verlauster Pole« in den letzten Tagen des Krieges »fast massakriert« und er nur überlebt hätte, weil »ein Kamerad« ihn in letzter Minute gerettet hätte. Er sagte wirklich »verlauster Pole«. Ich dachte mir meinen Teil.

Nach etwa einer Stunde brachte Christina das Treffen allmählich zu einem Ende. Ein weiteres in seinem Haus im hessischen Sulzbach wurde verabredet. Wir machten uns auf den Weg nach Hause. Christina war nun etwas ruhiger, die erste Hürde war genommen, sie hatte ihren Vater gesehen. Ein Bedürfnis, mit ihm allein sprechen zu wollen, hatte sie mir nicht signalisiert. Jetzt entspannte sie sich und genoss die Rückfahrt, sie war hingerissen von der schönen Natur, den Bergen, den schmucken bayerischen Dörfern und Städtchen.

Zwei Tage später holten wir Wouter-Pieter vom Flughafen in Riem ab. Wouter, der sich, seit wir uns in São Paulo getroffen hatten, sehr für meine und jetzt natürlich auch für Christinas Geschichte interessierte, freute sich, in Deutschland zu sein.

Wir sprachen bis tief in die Nacht. Tags darauf kauften wir gemeinsam ein, kochten zusammen und redeten wie die Bücher. Es stand so viel an und all das wollte organisiert sein. Die Furcht davor, was uns alles begegnen könnte, ertranken wir in Alkohol und Humor.

Christina war auch deshalb nach Deutschland gekommen, um eine Geburtsurkunde ausgehändigt zu bekommen. In ihren Auswanderungspapieren, ausgestellt von der amerikanischen Besatzung, war sie als »Child« von Elisabeth und Dimitrios Anastassiu aufgeführt, geboren am 26. Dezember 1945 in Steinhöring.

So fuhren wir, Christina, Wouter und ich, zum Einwohnermeldeamt nach Steinhöring. Dort trug Christina ihre Bitte vor, eine Geburtsurkunde ausgestellt zu bekommen. Sie erzählte in kurzen Worten, sie wäre extra aus Brasilien angereist und hätte vor Kurzem erfahren, dass sie sehr wahrscheinlich im »Lebensborn« in Steinhöring geboren wurde. Das führte bei den anwesenden Verwaltungsangestellten zu einer nicht zu übersehenden Erregung. Wir wurden gebeten, auf den Bürgermeister zu warten, der gerade auf einer Trauerfeier wäre und bald zurückkommen würde.

Dieser bat uns kurz darauf in sein Amtszimmer, wo Christina ihr Anliegen wiederholte. Noch fehlte der endgültige Beweis, dass Christina tatsächlich im Lebensborn Steinhöring zur Welt gekommen war, auch wenn ihre Papiere diese Vermutung nahelegten.

Gleich zu Anfang gab uns der Bürgermeister zu verstehen, dass es keine Unterlagen in Sachen Lebensborn mehr gäbe. Nur ein Geburtsbuch hätte ein Gemeindebeamter retten können, bevor die Amerikaner kamen. Alles andere sei »in nächtlichen Aktionen hinter den Mauern verbrannt« worden.

Der Bürgermeister telefonierte kurz und ein Mitarbeiter brachte das großformatige Geburtsbuch herein. Es stellte sich heraus, dass darin nur die Mütter und die von ihnen geborenen Kinder namentlich aufgeführt waren. Jeweils dabei stand der Name der Hebamme. Von den Namen der Väter keine Spur.

Es dauerte nicht lange, bis wir Christinas Geburtseintrag gefunden hatten. »Jetzt«, so der Bürgermeister, »können wir Ihnen eine Geburtsurkunde ausstellen.« Christina war zufrieden, fast glücklich. Sie hatte den Ort gefunden, wo ihr Leben angefangen hatte. Sie hatte ihre echte Identität gefunden. Sie war nicht am 26. Dezember 1945, sondern am 26. Dezember 1944 geboren, war also ab jetzt ein Jahr älter. Daran musste sie sich erst gewöhnen, aber es amüsierte sie auch.

Anschließend besuchten wir das nahegelegene ehemalige Lebensborn-Gelände, das zu unserer Freude inzwischen zu einer Einrichtung für behinderte Menschen ausgebaut worden war. Nur eine steinerne Mutter-Kind-Statue erinnerte an die Nazizeit. Bewegt besichtigten wir die Einrichtung. Die neugierigen Heimbewohner und die Sozialarbeiter baten uns freundlichst, doch hereinzukommen und zu schauen. Die Kinder und Jugendlichen wollten uns alles auf einmal zeigen, ihre verschiedenen Werkstätten und die Gärtnerei voller Pflanzen.

Meine Schwester Christina, die anfangs ängstlich auf die Lebensborn-Geschichte geblickt hatte, wirkte befreit und glücklich, als sie das alles sah. Dieser Besuch war zeitlich gesehen genau richtig. Hier konnte man sehen, dass sich Schreckliches zu Positivem wenden kann. Wir drei erlebten, wie wichtig es ist, Stätten der Angst zu betreten und das Schweigen zu beenden.

Der Lebensborn »Hochland« in Steinhöring war das erste Lebensborn-Entbindungsheim, das die Nazis eröffneten. Der Lebensborn war eine Art Orden, der von der SS getragen wurde. Sein Ziel war die Steigerung der Geburtenziffer »arischer« Kinder. Ideologische Grundlage dafür war die nationalsozialistische »Rassenhygiene«: Unverheiratete Frauen und Mädchen mit arischem Nachweis sollten von einem Schwangerschaftsabbruch abgehalten werden. Der Lebensborn bot ihnen die Möglichkeit, anonym zu entbinden und die Kinder zur Adoption freizugeben, und zwar an Familien von SS-Angehörigen. Die Väter der Lebensborn-Kinder waren verpflichtet, monatlich ein Entgelt für die Kinder auf ein Sparbuch einzuzahlen.

Als die Alliierten den Lebensborn in Steinhöring besetzten, fanden sie um die 100 zurückgelassene Kinder vor und ein paar wenige Schwestern, die sich um sie kümmerten. Die Amerikaner, so wurde uns bei unserem Besuch erzählt, haben Kinder adoptiert und, so wie in Augsburg, mit nach Amerika genommen. Ein Großteil der Kinder wurde in Pflegefamilien untergebracht, ein Teil kam in die Obhut der Katholischen Jugendfürsorge München und Freising.

In den 1970er-Jahren begann man mit der Aufarbeitung der Lebensborn-Geschichte. Im Lebensborn geborene Kinder suchten ihre Eltern, die Zeitungen fingen an, darüber zu berichten, was während der Nazizeit geschehen war. Bücher wurden geschrieben, Dokumentationen wurden erstellt. Viele waren davon nicht begeistert, im Gegenteil, sie stritten alles ab.

Nach dem Krieg übergaben die amerikanischen Besatzer die Sparbücher an die Katholische Jugendfürsorge München-Freising. Dort war ein Mann namens Andreas Fendt für die Bankkonten zuständig. Er sollte den rechtmäßigen Besitzern, also den Lebensborn-Kindern, die Bücher auf Anfrage zurückgeben. Ansonsten würde das Geld nach 30 Jahren automatisch an den Freistaat Bayern fallen. Dieser Mann war derselbe Andreas Fendt, der 1949 zu meinem Vormund bestellt worden war.

Ein weiteres Vorhaben von Christina war, in Deutschland ihre Tante Ruth, Elisabeths Schwester, und ihren Mann Helmut zu besuchen. Elisabeth hatte sie mit folgenden Worten »geimpft«: »Wenn du bei Ruth bist, dann sag nichts von Gisela. Allenfalls könntest du sie als deine deutsche Brieffreundin vorstellen.« Was für eine Idee. Als Christina mir das erzählte, wurde mir klar, dass Elisabeths Verwandtschaft nichts von meiner Existenz wusste. Das fand ich so unverschämt von Elisabeth, dass ich Christina vorschlug, die Verwandtschaft ohne mich zu besuchen. Christina lachte und gab mir klar zu verstehen: »Ich fahre mit dir oder gar nicht. Wir werden den Skandal öffnen. Wir werden sie konfrontieren.«

Am Vorabend der Reise telefonierte Christina mit ihrer/unserer Tante Ruth, die wissen wollte, ob sie ihre »deutsche Brieffreundin« mitbringen würde. »Ich bringe nicht meine Brieffreundin mit, ich bringe meine Schwester mit.« »Was, wie, deine Schwester? Ist Monica auch mitgekommen?«, sagte die Stimme an Ende der Leitung. »Nein, ich meine meine Schwester Gisela. Elisabeth hat noch eine Tochter, die hier in Deutschland aufgewachsen ist.« Mir wurde schon vom Zuhören ganz anders. Doch Christina lachte mich frech an. »Denen werden wir's zeigen, Schwesterherz.«

Tags darauf fuhr ich mit Christina und Wouter mit dem Zug nach Fulda, wo uns Ruth und Helmut mit dem Auto erwarteten. Ruth fing an zu weinen, als sie mich sah. Sie war überwältigt von meiner Ähnlichkeit mit ihrer Schwester. »Du brauchst mir nicht mal deinen Pass zu zeigen, du siehst aus wie die Emmi.« Emmi, so wurde Elisabeth in ihrer Familie gerufen. Ruth war sehr aufgeregt, verwirrt und wirkte sehr verletzlich. Wir gingen erst einmal in eine italienische Eisdiele. Bei Eis und Kaffee unternahmen wir die ersten Versuche, uns anzunähern. Als Ruth zu mir sagte: »Ich habe allen Leuten im Dorf erzählt, Christina würde ihre deutsche Brieffreundin mitbringen. Wenn dich jemand fragt, weißt du also, was du sagen musst.« Mir war sofort klar, dass ich diese Verdrehung der Wahrheit nicht akzeptieren würde. Für mich stand es Spitz auf Knopf. Ich drohte damit, wieder abzureisen, was Ruth erneut aus der Fassung brachte. Ihre Sensibilität und ihre Not berührten mich, deswegen ihr Spiel mitmachen, das wollte ich aber nicht. Helmut griff beschwichtigend ein. Er sagte: »Ruth, nun beruhige dich. Das ist alles ein bisschen viel auf einmal.« »Ja, du hast recht. Jetzt fahren wir erst mal nach Hause.«

Ruth hatte Berge eingekauft, Berge von Brot, Berge von Wurst und Schinken, Berge von Süßigkeiten und Kuchen. Sie hatte große Mahlzeiten vorbereitet und Bier und Wein besorgt.

An diesem ersten Abend gab es Rouladen und diverse Beilagen. Alles schmeckte vorzüglich und wir schafften es, in guter Atmosphäre miteinander zu sprechen. Ruth fing an, von ihren Eltern und den vielen Geschwistern zu erzählen, von der Kriegsverletzung ihres Vaters, davon hatte auch Elisabeth in Rio gesprochen, von der Beinamputation ihrer sehr strengen Mutter, der es so wichtig gewesen war, dass alle Kinder »etwas Anständiges werden«, von den Bombardierungen in Gelsenkirchen, von ihrer eigenen Kinderverschickung nach Bayern und ihrer großen Angst vor den Aufseherinnen, vor dem eiskalten Wasser bei der Morgentoilette. Es sprudelte nur so aus ihr heraus, so, als hätte sie es erst gestern erlebt. Christina musste für Wouter übersetzen, der mit großem Interesse zuhörte, aber nichts verstand.

Jetzt musste ich erzählen. Davon, wo ich aufgewachsen war und wie mein Leben bis jetzt verlaufen war. Es gab Fragen über Fragen. Ich beschönigte nichts, ich verharmloste nichts, ich wollte einfach nur offen und ehrlich sein. Langsam kehrte Vertrauen ein, der »Brieffreundin«-Schock begann sich aufzulösen. Ruth und Helmut wollten, dass ich blieb.

Am nächsten Tag nach dem Frühstück gingen wir zum Friedhof und besuchten das Familiengrab, begleitet von vielen weiteren Geschichten von früher. Danach ging es weiter zu den Cousinen, Ruths und Helmuts Töchtern Elke und Gudrun, die wie tags zuvor Onkel und Tante ungeduldig auf uns warteten. Auch sie hatten unzählige Fragen. Alle wussten inzwischen, dass Dimitri nicht Christinas Vater war, dass sich Christina mit meiner Hilfe auf die Suche nach ihrem leiblichen Vater begeben und ihn tatsächlich gefunden hatte – mit vierzig Jahren. Jetzt würde sie ihn in Sulzbach, in der Nähe von Frankfurt, ein zweites Mal treffen. Doch an diesem Abend genossen Christina, Wouter und ich erst mal die Gastfreundschaft von Elke und Gudrun und ihren Familien. Es gab wieder ein großes Essen mit anschließendem Kaffee und Kuchen. Irgendwann sagte Christina ganz leise zu mir: »Dagegen sind wir beide ja ganz arme Kirchenmäuse, was meinst du?« Trotz allem, wir waren willkommen.

Ruth, Helmut und die Cousinen brachten uns nach Sulzbach. Sie waren neugierig und versessen darauf, Christinas Vater wenigstens kurz zu sehen, um festzustellen, ob es eine Ähnlichkeit zwischen den beiden gibt. Ludwig hatte Zimmer in einer Pension gebucht. Er stand davor und wartete auf uns. Christina machte alle miteinander bekannt, dann verabschiedeten sich Ruth, Helmut, Elke und Gudrun von Christina, Wouter und mir und fuhren nach Hause. Ludwig war nur gekommen, um uns für den Abend in sein Haus einzuladen. Wir quartierten uns ein und Christina sagte, dass sie vorab ihren Vater schon mal allein besuchen wollte. Sie war blass, aber entschlossen. Wir, Wouter und ich, warteten sehr lange auf Christina. Wir befürchteten Ungemach und bestellten uns zur Entspannung einen Cuba Libre. Nach dem zweiten Cuba Libre kam Christina. Wortlos und kreidebleich ließ sie sich rücklings in das Doppelbett fallen und hauchte: »Ein Nazinest.« Ich sah, dass Christina zum ersten Mal wirklich ins Schleudern geriet. Ich sagte: »Trink erst mal einen Schluck«, und dachte: »Das sagen in den Hollywood-Filmen auch immer alle.« Christina sagte: »Alles war so schön, weißt du, alles war so schön und so lieb, und ich habe mich überhaupt nicht wohlgefühlt.«

Zwei Stunden später erwartete Ludwig uns, eine dicke Zigarre im Mund, mit seinem Auto vor der Pension. In seinem Haus stellte er uns seiner Frau vor, die im Wohnzimmer überall Aschenbecher bereitgestellt hatte. Es wurde tatsächlich sehr viel geraucht. Der ganze Raum war in kürzester Zeit von Rauchschwaden durchzogen. Sollten in diesen Rauchschwaden vielleicht unangenehme Fragen erstickt werden? Christina war noch immer bleich, aber mutig genug, ihren Vater nach seiner Vergangenheit zu fragen. Ludwig sagte, er sei bei der Polizei gewesen. Christina fragte: »Bei welcher Polizei, für die Straße oder für das Militär?« »Beim SD, beim Sicherheitsdienst.« Und ich hörte mich zu meinem Erstaunen fragen: »Warst du bei der Gestapo ?« »Nein«, antwortete er mit Nachdruck. Stattdessen verbreitete er sich sehr allgemein über die Aufgaben irgendwelcher Einheiten. Christina ließ nicht locker: »Was genau hast du gemacht im Dritten Reich? Wo warst du?« »In Berlin«, sagte er. »Und in Berlin wurden Reichswehrzersetzer gefangengenommen und verhört.« Er wirkte, als wäre er immer noch sehr stolz darauf. »Die deutsche Geschichte, die wirkliche deutsche Geschichte, ist vollkommen anders gewesen, als ihr meint.« Er verteidigte die Naziherrschaft und beklagte, Hitler hätte einen gravierenden Fehler gemacht, indem er den Krieg in alle Himmelsrichtungen ausgeweitet hätte. Deswegen hätte Deutschland den Krieg verloren. Christina fragte zu mir gewandt: »Gisela, was ist Tortura auf Deutsch?« Und ich sagte: »Folter.« »Hast du gefoltert?«, fragte sie ihren Vater. »Neiiiiiiiiiiiiin«, sagte Ludwig, »vielleicht hab ich mal eine Watschn gegeben, wie man in Bayern sagt, aber sonst... nein.« Auch auf unsere Fragen nach der Judenverfolgung hatte er eine selbstherrliche Erklärung parat. Christina rollte mit den Augen, was so viel bedeutete wie: »Lass uns abhauen.«

Bevor wir gingen, wollte Ludwig uns noch etwas zeigen. Wir folgten ihm die Treppe hinauf in sein Arbeitszimmer. Er kramte aus einer Schublade kleine, ausgezackte Schwarz-Weiß-Bilder hervor, auf denen er mit SS-Kameraden in Uniform mit dem Totenkopf auf der Mütze zu sehen war. Dann nahm er eine große, gerahmte Schwarz-Weiß-Fotografie von der Wand, die Paul Hausser zeigte, seinen verehrten Generaloberst der Waffen-SS. Sie zerfiel ihm im selben Moment buchstäblich in seinen Händen. Wir verließen das Haus und atmeten tief die kühle Nachtluft ein und aus, so, als wollten wir uns reinigen.

Am nächsten Morgen kam Ludwig, als wäre nichts geschehen, gut gelaunt zur Pension, um sich zu verabschieden. Er schenkte Christina und Wouter 500 Mark für ihre Weiterreise nach Berlin. Wouter wollte unbedingt die Mauer sehen und mit Christina ein paar Tage allein verbringen.

Für mich war die Sache erledigt, ich wollte von all dem nichts mehr wissen. Ich fuhr erleichtert nach München zurück.

Von meinem eigenen leiblichen Vater weiß ich von meiner Pflegemutter Lisbeth, dass er in der Wehrmacht gekämpft hat und auf der Krim und in Sewastopol war. Christinas Vater war beim SD gewesen und ein ganz anderes Kaliber. Und auch noch stolz darauf. Mein Pflegevater war in Stalingrad.

Christina und Wouter kamen aus Berlin zurück. Der Abschied rückte unaufhaltsam näher. Davor wollten sie unbedingt noch das KZ Dachau besichtigen. Sie wollten ganz alleine dorthin und wieder zurück finden. Kurz vor der Abreise fuhren die beiden ein letztes Mal nach München, um Geschenke für die Kinder und Freunde einzukaufen.

Christina gefiel es sehr in Deutschland. Sie wollte hier leben und arbeiten. Sie wollte in einem Land leben, wo die Dinge funktionieren und nicht alles so schnell kaputtgeht, sie wollte nicht mehr in einem Land leben, wo die Städte vermüllt sind, wo es eine so große Armut gibt, sie wollte in einem Land leben, wo es gute Schulen gibt, auch für arme Kinder, sie wollte in einem Land leben, wo es Frühling, Sommer, Herbst und Winter gibt. All das hätte ihr gefallen.

Unsere letzten gemeinsamen Tage verbrachten wir mit Waldspaziergängen, gemeinsamem Kochen, ausgiebigem Essen und langen Gesprächen. Es waren wunderbare, aufschlussreiche, bewegte und unvergessliche zwei Wochen mit Christina und Wouter.

Nachdem Christina und Wouter abgereist waren, kehrte für uns alle der Alltag zurück. Geri, der in Griechenland unterwegs gewesen war, hatte die beiden nicht gesehen. Nun waren wir, Wendelin und ich, an der Reihe, ihm alles zu erzählen. Christina bereute die Begegnung mit ihrem Vater nicht, auch wenn sie Monate später alles, was sie an Bildern und Briefen von ihm hatte, an ihn zurückschickte. Damit löste sie jede weitere Verbindung zu ihm. Für sie war das Kapitel abgeschlossen. Mit einem Vater, der während der Nazizeit als SD mit der Gestapo zusammengearbeitet hatte, wollte sie nichts mehr zu tun haben.

Christina hatte ihren leiblichen Vater schnell durchschaut und die Verbindung, die sich überhaupt erst sehr spät und mit meiner Hilfe ergeben hatte, konsequent und binnen kürzester Zeit gekappt. Mein eigener leiblicher Vater hatte mir nie die Möglichkeit gegeben, mit ihm zu sprechen. Obwohl ich ihn darum gebeten habe und obwohl er so lange in meiner Nähe gelebt hatte. Einmal, noch vor meiner ersten Rio-Reise, überraschte ich ihn mit meinem Besuch. Ich sagte zu ihm: »Ich weiß, dass du mein Vater bist.« Das war bis zu diesem Zeitpunkt nämlich noch nie ausgesprochen worden. Er bestätigte das mit einem leichten Kopfnicken. Ich bat: »Ich möchte mit dir sprechen. Ich möchte wissen, was damals los war.« Meinen Wunsch quittierte er mit dem Satz: »Ich kann über die Vergangenheit nicht sprechen.« Das war alles. Blass war er allerdings schon geworden. Ich schlug ihm noch vor, sich irgendwo außerhalb von Grafing zu treffen, aber es war einfach nichts zu machen.

Christina hatte mit unserer verrückten Mutter in Rio de Janeiro leben müssen, die sich über weite Strecken in ihre psychische Krankheit geflüchtet hatte, und sie musste vierzig Jahre alt werden, bevor sie erfuhr, wer ihr Vater war. Ich war vis-a-vis von meinem Vater in Grafing aufgewachsen, der nicht mit mir sprach, und musste fast vierzig Jahre alt werden, bevor ich meine leibliche Mutter zum ersten Mal sah.

Um wie vieles leichter hätte unser aller Leben sein können, hätten Elisabeth Fink und Georg Weilnböck und alle, die wussten, dass diese beiden meine Eltern waren, sich nicht ins Verschweigen, Verdrängen und Verleugnen geflüchtet.

Epilog

Im Jahr 2013 unternahm ich noch einmal eine mehrwöchige Reise nach Rio. Am Ende dieser Reise war mir klar, dass ich nicht mehr wiederkommen würde. Ich wollte nicht länger Zeugin des Schweigens meiner Mutter sein. Auch musste ich mein Geld zusammenhalten. Für alle meine Reisen und auch für diese war ich selbst aufgekommen. Dabei hatten mir doch Elisabeth und Dimitri schon bei unserem ersten Kontakt 1967 mit großer Geste versprochen, selbstverständlich meine Reise zu ihnen zu bezahlen. Es war vielmehr sogar so gewesen, dass Elisabeth mich von Zeit zu Zeit in ihren Briefen um Geld gebeten hatte. Und immer wieder hatte ich ihr auch Geld geschickt, einmal waren es 800 Mark.

Ich war jetzt so weit, zu denken: »Mich treibt nichts mehr dazu, mich meiner Sehnsucht nach meiner ›wahren‹, so lange vermissten Mutter zu unterwerfen.«

Auch wusste ich, dass Dimitri während des Zweiten Weltkriegs als Fremdarbeiter in Deutschland gearbeitet und mit einer Tschechin ein Kind, ein Mädchen, gezeugt hatte. Wahrscheinlich war er in seelische Nöte geraten, als ich 1967 auf der Bildfläche erschien, und hatte befürchtet, auch *seine* Tochter könnte eines Tages auftauchen und Fragen stellen. Das alles spielte keine Rolle mehr für mich. Es war nur ein weiterer Beleg dafür, dass Unheil entsteht, wenn nicht geredet wird.

Ich hatte euch verstehen, in eurer Nähe sein wollen, ich hatte anständig mit euch umgehen, freundlich und verständnisvoll sein wollen, und doch hatte ich sehr oft unsichtbare Falltüren ausfindig gemacht.

Ich blickte zurück auf meine allererste Reise und auf die Elisabeth, wie ich sie erlebt hatte. Ich erinnerte mich, dass sie meinen Fragen in gepflegtem Hochdeutsch ausgewichen war, dass sie zwar nie Unsinn geredet, aber letztlich auch nichts gesagt hatte. Ich hatte sie eher raffiniert gefunden und mit etwas zu viel Stolz beladen. Woher dieser Stolz kam, begriff ich, nachdem herausgekommen war, dass sie Christina mit einem SS-Mann gezeugt und im Lebensborn geboren hatte. Sie war im Dritten Reich einfach eine privilegierte Frau gewesen und hatte sich der Elite zugehörig gefühlt.

Ich selbst war zur Zeit meiner ersten Reise relativ gefestigt gewesen. Die größten Illusionen bezüglich meiner brasilianischen Verwandtschaft waren schon zu Asche geworden. Ich wusste, dass sie mich über Jahre hinweg an der Nase herumgeführt hatten.

Ich hatte viel über die Nazizeit und den Zweiten Weltkrieg gelesen. Ich kannte den Film »Das Urteil von Nürnberg« mit russischem Originalfilmmaterial über die Befreiung des KZs Auschwitz. Ich hatte verstanden, warum niemand über die Ermordung der Juden sprechen wollte, dass am liebsten alle nichts davon gewusst hätten. Ich war sehr froh, erst nach dem Krieg geboren zu sein. Mit diesem Erbe wollte ich nichts zu tun haben – und doch sollte ich mehr als mir lieb war damit zu tun bekommen.

Ich gehörte auch zu denen, die Jahre vorher gegen den Vietnamkrieg demonstriert hatten, die den Studentenführer Rudi Dutschke für seinen Mut bewundert hatten, zum Kampf gegen Politiker aufzurufen, die Nazis gewesen waren und in der neuen Bundesrepublik wieder das Sagen hatten und hohe Ämter bekleideten. Es hatte Martin Luther King und sein »I have a Dream« gegeben, es gab Bob Dylan und seine Protestsongs und es gab die Antibaby-Pille.

Die Flowerpower-Welle und Woodstock, Haschisch und die freie Liebe hatten in mir und meiner Generation die frohe, lustbetonte, optimistische Seite des Lebens entfacht.

Ich las politische Bücher von Simone de Beauvoir und Jean-Paul Sartre und begriff langsam die Mechanismen und die Auswirkungen von Unterdrückung jeglicher Art. Alice Schwarzer wusch uns braven Frauen den Kopf. Sie kritisierte die bestehenden Geschlechterverhältnisse und kämpfte mit harten Bandagen gegen den Paragrafen 218.

Mit der Zeit stellte sich etwas Neues ein, ein Gedanke, dass es für mich vielleicht richtig war, nicht bei meiner leiblichen Mutter aufgewachsen zu sein. Ihre unverarbeitete Geschichte hätte ich genauso abgekriegt wie Christina und Monica. Davor war ich bewahrt worden. Erst mit den Jahren wurde diese Erkenntnis wichtiger und machte neue Wege frei. Das Vergleichen hatte keinen Sinn mehr. Ich fühlte mich freier und wollte meinen Weg ohne all die Träumereien allein gehen.

Im Sommer 1986 wurde mir endgültig klar, dass ich auch meine Ehe beenden wollte. Sie war enorm strapaziert worden in all den Jahren. Ich wollte nicht mehr diejenige sein, die stets für alle da ist, die immer Rücksicht nimmt und dabei die Risse im Ehegewebe tiefer und tiefer werden sieht. Irgendwann bestand es nur noch aus Fransen. Die große Liebe von einst hatte sich aufgelöst. Ab da begann ich alleine in die Berge zu gehen. Ich erinnerte mich, dass das Wandern in der Natur mir immer gut tat, dass es mich stark machte, seelisch und körperlich. In der Stille dachte ich darüber nach, was ich machen könnte, wie ich den neuen Weg ohne größere Stürze meistern könnte. Es fühlte sich gut an, nicht gestürzt zu sein, im Gegenteil, ich fühlte mich stärker werden. Die Trauer darüber, dass ich in Rio das nicht erhalten hatte, was ich mir gewünscht und erhofft hatte, verschwand mit der Zeit. Ich begriff, dass ich sehr wohl ohne all meine Erwartungen besser leben konnte, dass mein Leben hier wichtiger war als das Leben, das ich in Rio nicht gehabt habe. Um glücklich zu werden, brauchte ich die Liebe meiner Mutter nicht mehr. Was für eine Freiheit. Mir wurde klar, wie wichtig es war, sie zu suchen, um sie dann auch loslassen zu können.

2007 erkrankte Christina so schwer an Krebs, dass klar war, sie hatte nicht mehr lange zu leben. Ich flog sofort nach Rio und blieb zwei Wochen. Als Christina mich sah, freute sie sich sehr und weinte. Ihre rechte Seite war gelähmt, doch sah meine Schwester immer noch blendend aus. Fast jeden Tag fuhren Monica und ich mit dem Taxi zu ihr ins Hospital und blieben mehrere Stunden. Elisabeth war nicht dazu zu bewegen, auch nur ein einziges Mal mitzukommen. »Ich kann doch nicht gehen.« »Wir fahren ja mit dem Taxi und deinen Rollstuhl nehmen wir mit.« Es war nichts zu machen.

Sehr traurig, aber auch sehr froh, meine Schwester noch einmal gesehen zu haben, reiste ich zurück nach Deutschland. Eine Woche später, am 22. Dezember, starb Christina. Wenige Tage später wäre sie 63 Jahre alt geworden.

Schon nach Christinas Tod spürte ich einen heftigen Widerstand, noch einmal nach Rio zu kommen. Mit Monica blieb ich telefonisch in Verbindung. Jedes Mal sagte sie mir, Elisabeth würde nach mir verlangen und sagen: »Wann kommt die Gisela?« Mir war klar, dass ich nicht nur deswegen noch einmal nach Brasilien reisen würde, um meine Mutter zu besuchen, sondern nur dann, wenn ich auch noch mehr von dem Schönheiten dieses riesigen Landes zu sehen bekäme.

Bereits im Jahr 2000 war ich mit meiner Freundin Christine von Rio nach Salvador de Bahia weitergereist, einem Schmelztiegel indigener, europäischer und afrikanischer Kultur. In dieser morbid-schönen portugiesischen Stadt, die alles Grauen der Sklavenzeit widerspiegelt, steht an jeder Ecke eine Kirche. Die Igreja da Ordem Terceira de São Francisco scheint aus purem Gold zu sein, dazu die Bänke in edlem Ebenholz. Der klerikale Reichtum und die unübersehbare Armut – wie ungleiche Geschwister nebeneinander. Die Frauen auf den Plätzen, die in ihrer weißen Tracht mit ihren aufgebauschten Röcken und bunten Turbanen ihr auf einfachen Kochstellen frisch zubereitetes Straßenessen anboten, waren freundlich und freuten sich, wenn sie uns Touristinnen etwas verkaufen konnten. Die Bahianerinnen sind bekannt für ihre besonderen Handarbeiten, die sie auch sehr stolz präsentieren.

Es ging dann für einige Tage weiter in die knapp 500 Kilometer entfernte Chapada Diamantina nach Lencois, einem ehemaligen Zentrum des Diamantenhandels, und zu den faszinierenden Tafelbergen mit ihren unzähligen Wasserfällen. Die letzte Urlaubswoche verbrachten wir in Porto Seguro am Atlantik.

Meine letzte Rio-Reise fand also 2013 statt. Zu Monica hatte ich gesagt, ich würde nur kommen, wenn wir beide, sie und ich, gemeinsam für eine Woche nach Iguacu zu den weltberühmten Wasserfällen ganz unten an der argentinisch-paraguayischen Grenze fliegen würden. Sie war angetan von dieser Idee und kümmerte sich um den Flug und um eine angenehme Unterkunft. Außerdem buchte sie einen Guide, der uns zu einem der Zutrittstore zum Nationalpark brachte und uns dort abends auch wieder abholte. Auf dem Weg durch den Nationalpark zu den spektakulären Wasserfällen hatten wir Zeit füreinander. Ich hatte den Wunsch, mit Monica über uns beide und all die Vorkommnisse der letzten Jahre, über all die Schwierigkeiten in der Familie, ihre und meine, noch einmal in Ruhe und außerhalb der Wohnung in Rio zu sprechen. Dafür hatte ich mir unbedingt Zeit nehmen wollen. Das gelang auch, wir hatten gute Gespräche in dieser wunderbaren Landschaft.

Der Iguacu-Wasserfall, dessen Dröhnen lauter und lauter wurde, je näher wir kamen, war gigantisch und atemberaubend. Wir gingen kilometerlang über gut gesicherte Eisenroste, die über das Wasser des Iguacu-Flusses führten, durch tropische Natur, sahen in Abgründe, aus denen das herabstürzende Wasser als Gischt wieder emporschoss, als käme es direkt aus der Hölle. Einer dieser Abgründe trägt den Namen »Garganta del Diablo« was so viel heißt wie »Rachen des Teufels«.

Ganz in der Nähe unserer Unterkunft wuselten ganze Familienclans von Wasserschweinen, deren Junge ich ganz besonders süß fand. Und dann war da auch noch der große Park mit den schönsten und seltsamsten Vogelarten, die ich je gesehen habe – Papageien in allen erdenklichen Farben und sehr geschwätzig und frech, Äffchen mit Ohrfedern, die völlig entspannt in den Astgabeln lagen und sich von ihren Artgenossen lausen ließen, und große, stolze Flamingos. Ich sah Kolibris aus nächster Nähe beim Nektarnaschen zu. In der Tierklinik, die zum Park gehörte, donnerte ein offenbar behandlungsbedürftiger Jaguar mit voller Wucht und mit allen vier Pfoten gleichzeitig an die sehr dicke Glaswand seines Geheges. Wir bekamen einen fürchterlichen Schrecken und hatten Angst, die Glaswand würde zerbersten. Am selben Abend, wir waren eigentlich schon auf dem Rückweg, entdeckten wir hinter einer kleinen Affeninsel einige seltsame Tiergestalten. Sie sahen aus, als kämen sie aus einer anderen Welt, und bewegten sich sehr langsam. Sie hatten eine sehr langen Kopf, einen langen Körper und ein langes Hinterteil. Man wusste nicht, wo vorne und hinten war. Keine Ahnung, was das für Tiere sein könnten. Als sie langsam näherkamen, begriffen wir, dass es Ameisenbären waren, und zwar sehr, sehr große Ameisenbären. Was für tolle Kerle, was für tolle Erlebnisse!

Zurück in Rio, nahm ich mir Zeit für meine Mutter. Sie war jetzt 92 Jahre alt und noch stiller geworden. Ich brachte sie morgens, nachdem die Empregada sie geduscht, eingecremt und ihr das Frühstück zubereitet hatte, mit dem Rollstuhl zu einem nahe gelegenen Platz mit schattigen Platanen, Blumen und Pflanzen, dorthin, wo sich morgens, wie ich von Monica wusste, die Rollstuhlfahrer des Viertels, begleitet von ihren Hausmädchen, trafen und plauderten oder auch nur dem Treiben in den Straßen zuschauten. Sie wollte nicht lange bleiben und sich nicht an den Gesprächen der anderen beteiligen. Selbst in ihrem hohen Alter war sie noch stolz und darauf bedacht, für eine gebildete Frau gehalten zu werden.

Mir gegenüber zeigte sie nie eine Spur von Hass, aber auch keine größere Zuneigung. Ich wollte, dass sie mich anschaut, dass sie mich wahrnimmt, dass sie mich respektiert. Die zurückhaltende, vorsichtige Art, wie ich ihr diese Wünsche immer entgegengebracht hatte, war vielleicht der Grund, warum sie mich von Zeit zu Zeit sehen wollte.

Mit meinem Vater kam ich nicht in Ansätzen so weit. Doch hat sich Elisabeth, so wie Georg, hinter ihrer Familie versteckt. Beide haben versucht, mich einfach zu vergessen. Ich wundere mich bis heute, wie sie so etwas so lange aushalten konnten, ohne etwas zu tun, ohne sich stellen zu wollen. Mit mir konnten sie es machen. Zumindest so lange, bis ich vor ihnen stand.

Ich schaue zurück auf meine Geschichte, die gleich nach dem Krieg begann und über unwegsames Gelände führte, mal steiniger, mal sanfter. Ich bin glücklich, dass ich den Mut hatte, diese Geschichte aufzuschreiben, mich dafür ein letztes Mal sehr intensiv meinen Erinnerungen auszusetzen, um dann das Ganze ablegen zu können. Ich musste dafür den Zensor in mir in seine Schranken weisen und seinen Befehl »Das darfst du nicht!« ignorieren. Allein dazustehen und mit allen Schwierigkeiten allein fertig werden zu müssen, während andere mit vollen Taschen abhauen, das hat mich stark gemacht und mich zu der Überzeugung gebracht: »Das darfst du nicht nur, das musst du unbedingt!«

Mit meinem Schreiben möchte ich den Menschen Mut machen, ihre innersten Wünsche und Fragen nicht zu ignorieren, auf Entdeckungsreise zu gehen und ihre Geschichten zu erzählen, auch wenn es schmerzlich sein sollte. Es befreit, beruhigt und macht Platz für neue Wege.

Die amerikanische Schriftstellerin Sigrid Nunez schreibt in ihrem Buch »Der Freund«: »Wäre Schreiben nicht schmerzhaft, wäre es die Mühe nicht wert.«

Personen

Elisabeth Fink (Mutter)
Ludwig Weilnböck (Großvater)
Therese Weilnböck, geb. Schwaiger (Großmutter)
Georg Weilnböck (Vater)
Georg Weilnböck jun. (Halbbruder)
Lisbeth Knogler, geb. Weilnböck, verw. Schreiner (Pflegemutter)
Johann Baptist Knogler (Pflegevater)
Manfred Schreiner (Sohn der Pflegemutter)
Marianne Schreiner (Manfreds Frau)
Horst Schreiner (verstorbener Bruder von Manfred)
Toni Fischer, geb. Weilnböck (Tante)
Benno Fischer (Onkel)
Johann Schwaiger (Großonkel)
Resi Schwaiger (Großtante)
  und deren Kinder Martin, Schorsch, Hans, Resi, Betty, Irmi
Herr und Frau Schüssler (Hausbewohner)
  und deren Kinder Kathi und Heinrich
Herr und Frau Herrmann
  und deren Kinder, u. a. Irmi, Gerti, Toni, Annelies
Herr Niedermayer (Friseur)
Joseph Mayr (Millimayr-Sepp)
Frau Hagen (Haushaltswarenladen)
Herr und Frau Arnold (kaufmännische Lehre)
  und deren Kinder Edith, Franz, Gertrud
Trudel Thomele (Bergführerin)
Christel, Lisbeth, Marile, Rosa … (Bergkameradinnen)
Dr. Andreas Fendt (Vormund)
Schwester Wernfrieda (Ordensschwester Augsburg)
Wendelin (Ehemann)
Gerald (Sohn)
Monica Anastassiu (Halbschwester)

Christina Anastassiu (Halbschwester)
Dimitri Anastassiu (Monicas Vater)
»Ludwig« (Christinas Vater)
»Richard Wagner«, Wouter-Pieter (Christinas Ehemänner)
Maria-Elisa, Pedro-Filipe (Christinas Kinder)
Ruth, Helmut, Gudrun, Elke (Verwandtschaft mütterlicherseits)